WIGETTA

VEGETTA777
WILLYREX

WIGETTA

UN VIAJE MÁGICO

Obra editada en colaboración con Editorial Planeta – España

© 2015, Painé Vische Lucka, por las ilustraciones
Diseño de interiores: María Jesús Gutiérrez

© 2015, Willyrex
© 2015, Vegetta777
Redacción y versión final del texto, Víctor Manuel Martínez, 2015
© 2015, Editorial Planeta, S. A. – Barcelona, España
Ediciones Temas de Hoy, sello editorial de Editorial Planeta, S.A.

Derechos reservados

© 2014, Editorial Planeta Mexicana, S.A. de C.V.
Bajo el sello editorial TEMAS DE HOY M.R.
Avenida Presidente Masarik núm. 111, Piso 2
Colonia Polanco V Sección
Deleg. Miguel Hidalgo
C.P. 11560, México, D.F.
www.planetadelibros.com.mx

Primera edición impresa en España: marzo de 2015
ISBN: 978-84-9998-463-6

Primera edición impresa en México: marzo de 2015
Octava reimpresión: septiembre de 2015
ISBN: 978-607-07-2712-2

Impreso en los talleres de Litográfica Ingramex, S.A. de C.V.
Centeno núm. 162-1, colonia Granjas Esmeralda, México, D.F.
Impreso en México – *Printed in Mexico*

ÍNDICE

Capítulo 1

Prólogo

—Vaya vista, ¿eh?

—¡Es impresionante! ¿Qué habrá más allá de esas montañas?

Al sur de Pueblo se levantaba una cordillera enorme, casi el único obstáculo que la vista encontraba desde lo alto del faro. Willy y Vegetta miraban desde allí el horizonte, explorando con la mirada todo lo que había alrededor de la inmensa ciudad que habían construido: lo que iba a ser una casa se fue convirtiendo en algo mucho más grande, un sitio en el que cada uno tenía su tarea y todo funcionaba, la mayor parte del tiempo, con la precisión de un reloj. Desde el faro se podía ver todo: los almacenes, la sala de alquimia, las calles y puentes que conectaban todas las casas que habían ido naciendo alrededor de su proyecto de aldea.

Willy y Vegetta sabían que no todo el mérito era suyo: ellos habían plantado la semilla, pero gracias a

toda la gente que les había seguido y había confiado en ellos, Pueblo se había convertido en un lugar pacífico y seguro. Eran un símbolo: gracias a ellos había llegado la paz, y de sus aventuras no solo hablaban sus vecinos, sino también gente de muy lejos; de sitios que se podían ver desde el faro, pero también de otros allende los mares. Apoyados en lo alto, los amigos vieron a dos niños que jugaban despreocupados, imaginando que eran por un momento los héroes de Pueblo: vestido con una armadura púrpura y blanca y con un cristal tintado en un ojo, una reproducción casera de la indumentaria de Vegetta, uno de ellos corría a socorrer al otro, rodeado por un grupo de perros que jugaban a su alrededor, animados por el movimiento del palo que hacía las veces de espada en la fantasía de los niños. La chamarra y la boina verdes del imitador de Willy eran varias tallas más grandes de lo normal; un paso en falso le llevó a tropezar con su amigo, y el rescate terminó con los dos en el suelo y el grupo de perros saltando a su alrededor y lamiéndoles la cara, como animando a que el juego siguiera. Vegetta y Willy, desde el faro, rieron al ver la escena: no había tanta diferencia entre la alegría de aquellos niños que jugaban y lo que ellos habían sentido mientras construían Pueblo.

8

VEGETTA777
Y WILLYREX

Aquellos niños que jugaban eran una buena prueba de que la paz era estable. Vegetta y Willy recordaron la batalla contra el dragón, que había puesto punto final a los peligros para sus vecinos y amigos. Hacía meses que no se colaban monstruos en la sala de máquinas; los almacenes eran seguros y todos los portales hacia las mazmorras y aldeas que habían descubierto en sus viajes, ya inactivos, solo servían de recuerdo del largo camino que habían recorrido hasta derrotar a aquel dragón, que resultó ser la fuente de todos los problemas de Pueblo; cuando regresaron después de luchar contra la bestia, ya se notaba en el ambiente que algo había cambiado, que les esperaban tiempos prósperos.

—Quién nos iba a decir que conseguiríamos llegar a este punto.

—¿Verdad? Mira, parece que están empezando a preparar la fiesta de mañana.

Varios vecinos recogían la siembra en la que Willy y Vegetta habían invertido tanto esfuerzo. Más ahora que antes: la paz les había dado ocasión para dedicar más tiempo a los cultivos, y eran habituales las comilonas con las que todos los habitantes de Pueblo celebraban los nuevos tiempos. La recolección significaba una cosa: al día siguiente, Vegetta y Willy saldrían a explorar los alrededores para replantar los alimentos y que el

ciclo comenzara de nuevo. Cultivar, recoger, fiesta; así habían sido las cosas los últimos meses.

—¿Dónde podríamos ir mañana a buscar semillas?

—Estaría bien hacer algo distinto, para variar.

Cultivar, recoger, fiesta.

A veces, mientras salían a los bosques cercanos en busca de alimentos para Pueblo, Willy y Vegetta se quedaban callados y exploraban en silencio. Eso quería decir que estaban pensando, generalmente, en el dragón. En el combate feroz, la magia, el peligro. Había un momento clavado en su memoria: en lo alto de una gigantesca columna que se erigía en la guardia del dragón, ya a punto de caer rendido tras la intensa batalla, Willy le lanzó a Vegetta una de sus pistolas de burbujas, y uniendo sus fuerzas consiguieron acabar con su enemigo, que se deshizo con un fogonazo de luz que iluminó la caverna. Una de las cosas magníficas de la magia: una pistola de burbujas puede acabar hasta con el dragón más temible, siempre y cuando la magia esté de tu lado.

Cultivar, recoger, fiesta.

A su regreso a Pueblo, todos celebraron la buena noticia: la muerte de aquel monstruo auguraba una época mejor, una nueva era en la que la vida no estuvie-

VEGETTA777
Y WILLYREX

ra constantemente interrumpida por las visitas inespe-
radas de los secuaces del dragón.

Cultivar, recoger, fiesta.

—Va siendo hora de bajar —dijo Willy.

—Sí, eso parece —respondió Vegetta—. Pensemos
en cómo lo haremos mañana y vayamos a dormir.

Cuando bajaron del faro, los dos niños disfrazados
seguían jugando con los perros, como si compitieran
por ver quién aguantaba más tiempo sin cansarse.

12

15

CAPÍTULO 2.0

¿Por dónde quieres empezar?

¡La gran aventura de Vegetta y Willy está a punto de comenzar!

Como ya has visto, cada capítulo de *Wigetta* incluye muchas sorpresas: cómics, ilustraciones que puedes completar... Y ahora, ¡te toca a ti elegir por dónde quieres empezar a leer! Si deseas emprender este viaje desde el lado de Vegetta, empieza a leer en la página 18 y, cuando termines, salta al capítulo 3. Si prefieres que tu viaje arranque con Willy, ve a la página 31 y empieza a leer desde ahí.

Si no puedes decidirte por ninguno de los dos..., ¡no pasa nada! Simplemente, empieza a leer a partir de la página siguiente. ¡Tú decides!

VEGETTA777
Y WILLYREX

¡ELÍGEME A MÍ, WILLY! CAPÍTULO 2.2

¡MEJOR A MÍ, VEGETTA! CAPÍTULO 2.1

Vegetta

No era habitual que Vegetta y Willy estuvieran tan ocupados que apenas tuvieran tiempo de saludarse y poco más, pero aquel día tenían mucho que hacer: tan pronto despertaron, habían salido en busca de semillas para el huerto que estaban plantando en su casa. La paz reinaba en Pueblo. Vegetta y Willy habían decidido explorar por separado, con la esperanza de encontrar lo que querían más rápido; después de prepararse para el trabajo y separar a Trotuman y Vakypandy, que estaban peleándose otra vez, se habían despedido y habían salido a explorar los bosques cercanos.

Era una mañana especialmente tranquila. Demasiado tranquila, pensó Vegetta: después de un rato tomando los materiales que iba buscando, su mochila estaba llena. Nada ni nadie se había cruzado en su camino; a pesar de que hacía tiempo que Pueblo era un sitio pacífico, no era normal que los bosques de los alrededores estuvieran tan vacíos, tan silenciosos. La mo-

VEGETTA777
Y WILLYREX

chila empezaba a pesar; Vegetta decidió descansar un rato y reponer fuerzas. Buscó un asiento y se sentó a comer algo. El silencio era absoluto. ¿Qué estaba pasando? Mientras comía, Vegetta se entretenía como podía, mirando alrededor e intentando encontrar alguna señal de vida, alguna prueba de que alguien había pasado por ese bosque antes. Cualquier cosa, en realidad: mientras llevaba la vista de un sitio a otro, se paraba a buscar formas reconocibles y parecidos en las cortezas de los árboles y en las islas de hierba que crecían aquí y allá. Echaba de menos las aventuras.

De pronto, Vegetta creyó ver algo por el rabillo del ojo. Algo que se movía a lo lejos, entre la vegetación. Se subió a la silla para intentar ver mejor. ¿Le estaba jugando una mala pasada su cabeza, y en realidad no había nada? ¿Eran sus ganas de vivir las que, por fin, les daban algo de emoción, haciéndole ver cosas que no existían? De pronto lo tuvo claro: algo se movió entre unos árboles, pero el bosque era demasiado frondoso como para identificarlo desde tan lejos. Los árboles se elevaban hacia el cielo casi más de lo que la vista podía alcanzar; la luz del sol llegaba filtrada por las ramas y las hojas, como si los árboles estuvieran escondiendo algo bajo sus espesas copas. Vegetta fijó la vista en la zona en la que algo se había movido.

—¿Vicente?

A lo lejos, un caballo blanco caminaba despreocupado, ajeno a la presencia de Vegetta.

—¡Vicente! —gritó Vegetta, con esperanzas de poder llamar su atención.

El caballo blanco se giró y miró en la dirección de Vegetta, que empezó a mover los brazos y saltar, lleno de una mezcla de alegría y sorpresa: el último sitio en el que esperaba encontrar a Vicente, el caballo con el que tantas cosas había vivido, era en ese bosque en el que parecía no haber nadie. «¡Vicente!», gritó de nuevo. El caballo no se movía; solo miraba fijamente a Vegetta, que decidió acercarse, repentinamente animado por el recuerdo de esas aventuras que tanto echaba de menos, aunque nunca se lo hubiera dicho a Willy. Las cosas iban bien: desde que la paz había llegado a Pueblo, habían podido dedicarse a los experimentos, a crear huertos y casas, a pasar tiempo con sus mascotas. A Vegetta le costaba no sentir algo de nostalgia por los tiempos en los que no todo era tan pacífico; sin embargo, por las noches, cuando el insomnio no le permitía dormir hasta altas horas de la madrugada, pensaba en todo lo que Willy y él habían vivido, y esperaba que Willy también echara de menos viajar lejos, explorar tierras desconocidas, conocer cosas nuevas.

VEGETTA777
Y WILLYREX

Cuando ya estaba cerca de él, el caballo blanco se asustó y echó a correr. Vegetta se sorprendió y salió corriendo detrás de él. Pronto se dio cuenta de que no podía seguirle el ritmo: seguía corriendo y esquivando árboles y arbustos, pero el caballo iba mucho más rápido. No podía rendirse: no tan pronto, no cuando estaba tan cerca de una posible vivencia. Corrió tanto como podía. Casi sin aliento, Vegetta enfiló el mismo camino por el que había ido Vicente; a los lados, los árboles formaban un pasillo perfecto, colocados de manera simétrica, como si alguien los hubiera puesto así a propósito. No podía parar de correr; el pasillo continuaba y Vicente seguía trotando, cada vez más lejos. De pronto, el caballo desapareció, como si se lo hubiera tragado la tierra. Vegetta tropezó, sorprendido, pero siguió avanzando hasta que llegó al final del camino. Había un agujero muy profundo en el suelo; abajo estaba el caballo blanco, tan lejos que apenas era un punto blanco en medio de la oscuridad.

—¡Vicente! —gritó Vegetta aterrorizado por lo que le pudiera haber pasado a su caballo.

Cuando levantó la vista del agujero, se encontró con un desierto tan extenso que llegaba hasta el horizonte. No podía creer lo que estaba viendo: frente a él, esparcidos por la arena infinita, decenas de caballos blancos

actuaban como si no le hubieran visto o escuchado. Algo estaba mal: un caballo caminaba por el aire, levitando a varios centímetros del suelo; otro parecía estar comiendo algo, pero tenía la cabeza incrustada en el suelo; otro cabalgaba sin moverse del sitio, como retenido por una pared invisible. Dos caballos chocaban entre sí, con la cabeza de uno atascada en el cuerpo del otro, como si lo estuviera atravesando de alguna forma mágica. Otro destacaba porque no era exactamente igual que los demás: aunque era blanco y se parecía mucho al resto, su cara era diferente.

¿CÓMO ERA EL CABALLO
QUE VIO VEGETTA?
DIBUJA LA CARA MÁS
RARA QUE PUEDAS

¡Qué cara tan rara! A lo lejos, Vegetta vio a Willy, que saltaba para llamar su atención. Willy se teletransportó al lado del agujero donde estaba Vicente. «¿Cómo ha hecho eso?», pensó Vegetta.

—¿Qué haces aquí? —le preguntó a Willy.

—Perdona, el agujero lo hice yo, estaba buscando una mina —respondió tranquilo—. He visto que Vicente se cayó adentro.

—¡¿Y qué vamos a hacer para sacarlo de ahí?! —dijo Vegetta preocupado. Al fondo, un caballo se paseaba tranquilamente... con las patas apuntando hacia arriba, deslizando el lomo por el suelo—. ¡Wow! ¿Viste eso? —exclamó tomando a Willy del hombro y enseñándole el caballo.

—¿Qué pasa?

—¡El caballo! ¡Está al revés! ¿No lo ves?

—¿Qué pasa? —repitió Willy.

—¡¿Qué dices?! ¿No ves a todos esos caballos haciendo cosas raras?

—¿Qué pasa? —repitió Willy.

Antes de poder decir nada, Vegetta miró a su alrededor. No había nadie. Todo estaba oscuro. Vegetta miró hacia arriba: estaba en un agujero muy profundo; a lo alto se podía ver el cielo, y un rayo de luz débil entraba al hoyo. Willy asomó la cabeza.

—¡Perdona, el agujero lo hice yo, estaba buscando una mina! —gritó desde arriba, y el eco de la voz rebotó en las paredes hasta llegar a Vegetta.

Cuando iba a gritar que bajara y le ayudara a salir, Vegetta notó que había alguien al lado. Giró la cabeza y se topó con una cara enorme a un par de centímetros de la suya. La oscuridad no le permitía ver bien; enfocó la mirada para intentar acostumbrarse a la oscuridad. Era Vicente, que se acercó un poco y le lamió la cara a Vegetta con su lengua enorme.

—¡Qué asco! —dijo.

De pronto, un fogonazo de luz le dio en la cara.

—¡Hey, despierta, que se va a hacer tarde! —escuchó Vegetta. Era la voz de Willy.

Cuando abrió los ojos, vio a Vakypandy lamiéndole la cara.

—¿Qué hora es? —preguntó mientras apartaba a Vakypandy.

La luz que entraba por las ventanas dejaba claro que el día había comenzado hacía un rato.

—Tarde —respondió Willy, que estaba agarrando cosas de los cofres que tenían en casa—. Tenemos

que salir a recoger semillas, ¿te acuerdas? Lo hablamos ayer. ¡Trotuman! ¡Vakypandy! —gritó, apartando a las mascotas, que estaban peleándose otra vez.

«Todo esto me suena —pensó Vegetta—. Debe de haber sido una pesadilla».

—Ya tengo el TNT y mi espada, por si acaso— dijo Willy—. No es mala idea que lleves tu arco. Como nos vamos a separar para explorar los alrededores más rápido, es mejor que vayamos preparados.

—¿El TNT es para las arañas? —preguntó Vegetta sonriendo.

—LOL, no —respondió Willy imitando la voz de Vegetta. Los dos empezaron a reír a carcajadas.

.4.

CAPÍTULO 2.2

Willy

Aquella mañana, Vegetta dormía a pierna suelta mientras Willy empezaba a preparar su equipo. Ese día no saldrían juntos: la noche anterior habían pensado que, si exploraban los alrededores de Pueblo por separado, podrían encontrar los materiales que necesitaban más rápido. Semillas, madera, todo lo que necesitaban para que el huerto que tenían en casa creciera de manera espléndida. Era un huerto enorme; cada día más grande, de hecho, porque desde que en Pueblo reinaba la paz solo se habían dedicado a él. Había poco más que hacer. Mientras buscaba en los cofres lo que necesitaba para salir hacia los bosques cercanos, vio su boomerang y algo de TNT, y se acordó de las aventuras que había vivido con Vegetta. Las echaba de menos, aunque nunca lo había reconocido.

Vegetta comenzó a moverse en la cama, como si estuviera teniendo una pesadilla. Vakypandy se acercó a

su dueño y empezó a lamerle la cara. Ya iba siendo hora de salir, pensó Willy.

—¡Hey, despierta, que se va a hacer tarde! —dijo aprovechando el ataque de lengua de Vakypandy para despertar a Vegetta.

—¿Qué hora es? —preguntó Vegetta mientras apartaba a Vakypandy.

—Tarde —dijo Willy, que seguía arreglando el equipo necesario para salir a buscar materiales. Por muy temerario que fuera, Willy prefería prevenir que lamentar: empacó su espada y algo de TNT y recomendó a Vegetta que no saliera desprotegido, por si acaso.

Vegetta tomó su arco. Ya estaban listos para salir. Quedaron en volver a encontrarse en la entrada de Pueblo cuando empezara a anochecer, para juntar lo que cada uno hubiera conseguido y pensar qué podían hacer con ello el día siguiente. Mientras salían de su casa, y aunque ya los habían separado antes, Vakypandy y Trotuman estaban peleándose otra vez; en cuanto cerraron la puerta, sus mascotas dejaron de hacer ruido, como si hubieran dejado de pelear. Siempre les había resultado curioso.

Willy se despidió de Vegetta y se separaron. No era habitual que estuvieran tan ocupados que apenas tuvieran tiempo de saludarse, pensó Willy.

VEGETTA777
Y WILLYREX

☆☆☆

«Explorar un bosque solo no es tan divertido», pensó Willy. Buscar semillas sin nadie cerca había obligado a Willy a pensar para matar el tiempo; mientras llenaba su mochila, recordó todo lo que había vivido junto a Vegetta. Ni siquiera conseguía recordar cómo había llegado la paz a Pueblo, porque en su memoria solo había combates, peligros, viajes a lugares remotos y desconocidos, todas las cosas fantásticas que les habían ocurrido. No se atrevía a decirlo, pero a veces Willy querría que las cosas fueran un poco menos aburridas; decirle a Vegetta que se fueran lejos, a sitios que no conocían aún, a empezar una vida nueva y buscar aventuras. El huerto estaba bien, pero desde luego no era la vida llena de sorpresas que recordaba. Extrañaba a los zombis, a los esqueletos, a los ogros de dos cabezas. «¡Extraño hasta a las arañas!», pensó Willy; solo de pensar en arañas le entraron escalofríos. «Bueno, no las extraño, ¡pero sí todo lo demás!».

El tiempo pasó rápido mientras fantaseaba con hazañas del pasado. Demasiado rápido, pensó Willy. Sus tripas empezaron a rugir después de un rato explorando. Era algo tarde, pero decidió parar un momento para comer antes de regresar a Pueblo.

Anochecía mientras caminaba de vuelta. «Voy a llegar tarde», pensó Willy, preocupado por hacer esperar a Vegetta. Aceleró el paso hasta que, cuando estaba ya cerca del sitio donde habían quedado, vio algo que le extrañó: por encima de los árboles, una luz rojiza cubría el cielo, y una nube de humo empezaba a resaltar sobre las ramas. Willy echó a correr sin entender qué estaba pasando. Cuando atravesó el bosque, encontró el origen del humo: el fuego estaba extendiéndose por Pueblo, cubierto por una nube negra y por las llamas que salían de los tejados.

Preocupado, Willy corrió en busca de Vegetta. No estaba en la entrada, donde tenían que encontrarse al anochecer. Cuando entró al pueblo, una horda de zombis caminaba por entre las casas en llamas; algunos aldeanos habían sido ya convertidos, y salían de sus casas para unirse a los demás zombis. Willy sacó su espada y comenzó a atacar a los zombis, que parecían multiplicarse y empezaron a rodearle. No tenía buena pinta: quizá no había sido buena idea intentar enfrentarse a todos esos zombis él solo. «¡Vegetta!», gritó, esperando que su amigo estuviera cerca para ayudarle. No hubo respuesta. ¿Le habría pasado algo? No podía quedarse ahí; a espadazos, consiguió deshacerse de la horda de zombis, y salió corriendo antes de que le rodearan por

completo. ¿Estaría Vegetta en casa? Corrió hacia ella, y al abrir la puerta solo encontró a Trotuman, su mascota, mitad tortuga y mitad humano, que no se había enterado de lo que estaba ocurriendo fuera: tenía puestas unos lentes de sol y unos audífonos enormes, y estaba escuchando música sin saber lo que estaba pasando en Pueblo.

TROTUMAN NO SE ENTERA DE NADA. ¡DIBUJA LOS LENTES Y LOS AUDÍFONOS CON LOS QUE ESTÁ DISTRAÍDO!

—¡Trotuman, qué haces! —gritó Willy corriendo a agarrar a su mascota— ¡¿Dónde están Vegetta y Vakypandy?!

Trotuman pareció despertar de pronto, y miró alrededor. Cuando vio lo que pasaba en la calle, pegó un salto y se subió a los brazos de Willy. En ese momento, un zombi entró en la casa: Willy se había olvidado de cerrarla cuando entró a toda prisa.

—¡Tenemos que irnos! —dijo.

Sacó el pico y abrió una entrada en la pared; con Trotuman en brazos, salió por el hueco y corrió esquivando a los zombis que estaban en la calle y que seguían creciendo en número. «No voy a poder con todos», pensó Willy, que no sabía qué hacer. Se estaba quedando sin tiempo. ¿Dónde estaban Vegetta y Vakypandy? ¿Habrían conseguido escapar? ¿Estarían también intentando encontrarlos a ellos? Sin más opciones que escapar, se alejó corriendo del pueblo, ya invadido por completo por los zombis; mientras corría, miró hacia atrás y vio a la horda entrando y saliendo de las casas, mientras el fuego devoraba los hogares, cubriéndolos luego con nubes negras de humo.

Cuando estuvo suficientemente lejos, dejó a Trotuman en el suelo e intentó recuperar el aliento. La carrera le había dejado exhausto, pero no podía descansar

hasta encontrar a Vegetta. Seguro que había escapado y se encontrarían tarde o temprano, pensó. Ni siquiera se había parado a mirar hacia dónde había corrido; los árboles comenzaban a cerrarse a su alrededor, y a medida que dejaba más y más atrás Pueblo, el cielo tenía un aspecto menos amenazador, cada vez menos dominado por la luz de las llamas y las nubes de humo negro. Empezó a caminar por el bosque, con Trotuman siguiéndole de cerca y husmeando los alrededores, buscando ingredientes para cocinar algo. La noche se había cerrado sobre ellos; hacía tiempo que no había monstruos en esos bosques, pero lo que había pasado en Pueblo le hizo pensar que quizá las cosas habían cambiado. Encontraron un río, y Trotuman miró a Willy; conocía bien esa mirada.

—¿Quieres pescado, eh? —dijo Willy—. Pesquemos algo, vamos.

Trotuman demostró de nuevo su habilidad como cocinero y preparó el pescado mientras Willy pensaba en Vegetta. Tenía que estar cerca, lo sentía. Decidieron quedarse a la orilla del río a comer. Quizá Vegetta pasara por allí mientras los buscaba, pensó Willy. Mientras comía el pescado, Trotuman levantó la vista, como si hubiera escuchado algo. Miró alrededor, sin soltar su comida.

—¿Qué pasa, Trotuman? —preguntó Willy.

Trotuman dejó el pescado y siguió mirando, pero la oscuridad parecía estar poniéndole las cosas difíciles. Se acercó al río y miró hacia la otra orilla: cuando se fijó, Willy vio que unos arbustos se movían al otro lado, como si hubiera alguien espiándolos mientras comían.

—¿Quién eres? —preguntó Willy. Nadie respondía. Willy sacó su boomerang, preparado para enfrentarse a los zombis, si es que habían conseguido seguirlos hasta allí—. ¡Sal de ahí! —gritó Willy.

Los arbustos se movían cada vez más. Alguien se acercaba. Willy tomó con fuerza el boomerang mientras una cabeza empezaba a salir de entre la maleza.

—¡Vakypandy! —gritó Willy aliviado al saber que Vegetta tenía que estar cerca—. ¡Espera ahí! ¡Voy a buscar materiales para construir un puente!

Se dio la vuelta y comenzó a reunir madera. «¡Trotuman, ayúdame!», gritó a su mascota, que todavía estaba mirando a Vakypandy. Mientras recogía madera, Willy empezó a notar algo raro: le costaba más recoger las cosas del suelo, que parecían alejarse. Miró a su alrededor y vio que era él el que se estaba alejando. ¡Estaba flotando en el aire! Se agitó y miró hacia Trotuman, que también flotaba; los dos se movían en la misma dirección. Al otro lado del río, Vakypandy los miraba, y de

su cabeza salía un rayo de luz que cubría a Willy y a Trotuman. Era como si la mascota de Vegetta estuviera haciéndoles volar para ayudarles a pasar a la otra orilla, pensó Willy. Cuando pasaron por encima del río, el rayo de luz los dejó con cuidado en el suelo, al lado de Vakypandy. Willy se quedó inmovil.

—¡Hey! —dijo, todavía sin creerse lo que acababa de ocurrir.

Vakypandy se apresuró, metiéndose de nuevo entre los arbustos. Willy y Trotuman la siguieron sin saber qué más hacer. ¿Realmente acababan de volar por encima del río gracias a un rayo de luz que salía de la cabeza de Vakypandy? ¿Estaba soñando? Mientras Willy se hacía preguntas, dejaron atrás los arbustos y entraron en un claro del bosque.

—¡Willy! —exclamó Vegetta al ver a su amigo. Estaba claro que se alegraba de verlo sano y salvo—. ¡Estás bien! ¡Qué susto me metiste, no sabía dónde te habías metido!

Willy todavía no sabía qué decir.

—¡Willy! —dijo Vegetta, mientras se acercaba a su amigo—. ¿Estás bien? ¡Parece que has visto al diablo!

—Más o menos... —respondió Willy.

¿QUÉ HORA ES?

¡TARDE!

VE VISTIÉNDOTE, TENEMOS QUE SALIR YA

USTEDES, PÓRTENSE BIEN

NOS VEMOS...

RECUERDA QUE DEBEMOS VOLVER AL ATARDECER

40

41

.3.

CON EL AJETREO SE NOS OLVIDÓ COMER. ¿PUEDES PREPARAR ALGO, TROTUMAN?

?

¿QUIÉN ESTÁ AHÍ?

¿¡VAKYPANDY!?

.4.

CAPÍTULO 3

Wigetta

Vegetta y Vakypandy habían montado un campamento en un espacio despejado del bosque; unos troncos servían como asiento improvisado alrededor de la fogata que habían hecho con ramas y hojas secas. En los árboles y arbustos que rodeaban al campamento, Vegetta había colgado trozos de cristal para que el sonido les avisara si alguien entraba al campamento. Willy y Trotuman, algo más tranquilos después de lo que había ocurrido, estaban sentados junto a sus amigos, al lado del fuego. Mientras Trotuman, de nuevo demostrando sus habilidades, cocinaba lo que Vegetta había podido recoger antes de que cayera la noche, Willy les contaba lo que había ocurrido: los zombis que invadían Pueblo, las llamas que arrasaban con las casas, los aldeanos que no podían hacer nada frente al peligro, convertidos poco a poco en muertos vivientes.

—Cuando vi que no había nadie en la entrada del pueblo pensé que quizá estabas en casa, pero ahí solo encontré a Trotuman, ensimismado, jugando como si no estuviera pasando nada.

Trotuman miró hacia ellos y guiñó el ojo.

—Yo pensé lo mismo —dijo Vegetta—, pero cuando llegué a nuestra casa Vakypandy estaba fuera, esperando en la puerta, y creí que ya se habrían ido, así que

WIGETTA

me marché con la esperanza de que tú hubieras hecho lo mismo. Pensé que habrías intentado luchar contra los zombis aunque tuvieras todas las de perder y luego habrías salido huyendo, así que no podrías haber ido muy lejos...

—Sí —continuó Willy—, intenté hacer algo, pero había demasiados zombis, tuve que escapar, era imposible deshacerse de todos. Así que nos fuimos corriendo, llegamos al bosque, y seguimos caminando hasta que encontramos un río y nos sentamos a descansar y comer algo. Y entonces apareció Vakypandy...

Willy paró un momento. Todavía no se lo creía del todo. Le explicó a Vegetta lo que había pasado: el rayo de luz, cómo volaron por encima del río hasta la otra orilla. Parecía que Vakypandy los había llevado por el aire hasta allí; como si supiera dónde estaban y quisiera reunir al grupo, guiándolos por el bosque hasta el campamento. Vegetta miraba a su mascota mientras Willy le contaba esto; Vakypandy le devolvía la mirada, como si no estuviera pensando absolutamente en nada. Lo que le contaba su amigo era increíble, literalmente: era imposible creérselo.

—¡Tienes que creerme! —suplicó Willy, consciente de que su relato sonaba suficientemente raro como para hacerlo parecer loco—. ¿Has estado intentando

hacer magia de nuevo? ¿Puede haber salido mal algún encantamiento?

—¡Que no! Debes de estar cansado, o...

—Te prometo que lo que pasó es cierto, y tengo a Trotuman de testigo. —Willy miró a Vakypandy, que miraba distraída hacia ninguna parte, como si no pasara nada—. ¿Y si es mágica?

—¡Qué dices! —respondió Vegetta—. Siempre ha sido una cabra normal. Bueno, normal..., sus padres eran una cabra..., bueno, un cabrito, la cabra macho, y una vaca, por eso tiene esas manchas en el pelo. Aparte de eso, la conoces igual que yo y sabes que no es más que una cabra normal. Será mejor que durmamos un poco, que lo de hoy ha sido demasiado y estamos enloqueciendo, me parece.

Willy también estaba agotado; estaba de acuerdo en que sería mejor dormir y empezar a pensar en una solución al día siguiente. Pero había volado: de eso estaba seguro.

☆ ☆ ☆

El sol de la mañana era imposible de esquivar en el campamento, y la luz sin filtrar por las copas de los árboles despertó a Vegetta y Willy, que habían dormido en el suelo, al lado de la hoguera. El fuego se ha-

bía extinguido; apenas salía un hilo de humo fino de las ramas, que ya eran poco más que una montañita de ceniza. Todo parecía en calma. A su lado, Trotuman dormía como un tronco, roncando y moviéndose como si estuviera soñando.

—¿Dónde está Vakypandy? —preguntó Vegetta, que no conseguía localizar a su mascota.

—Ni idea —respondió Willy—. Vamos a buscarla. Ya te dije que algo raro estaba pasando...

Se levantaron y comenzaron a buscar; era imposible que estuviera en el campamento, donde no había ningún rincón en el que esconderse. Fueron juntos a mirar en los alrededores. No tuvieron que buscar mucho.

—¡Pero qué está pasando! —exclamó Vegetta.

Detrás de unos árboles, encima de una roca rodeada de arbustos, encontraron a Vakypandy. Estaba de pie, y sus ojos brillaban con una luz intensa, parecida a la del rayo que había hecho flotar a Willy y Trotuman.

—¡Te lo dije! —gritó Willy—. ¡Así me la encontré ayer! ¡Con esas luces nos hizo volar!

Vegetta no se creía lo que estaba viendo. Su mascota seguía de pie sobre esa roca, con los ojos como los faros de un camión, apuntando hacia ellos. Un sonido extraño empezó a brotar del suelo, como un zumbido suave que daba la sensación de estar llenando todo el

VEGETTA777
Y WILLYREX

bosque, rodeándolos; era difícil saber de dónde procedía, o si salía de Vakypandy.

—¡Vakypandy, deja de hacer locuras! ¡Las cabras no hacen estas cosas!

Vegetta intentaba llamar la atención de Vakypandy, que poco a poco comenzó a moverse. Bajó de la piedra, caminando a dos patas como si lo hubiera hecho siempre. Los ojos seguían emitiendo esa luz, que Willy y Vegetta empezaban a encontrar tranquilizadora: era una luz cálida, positiva, para nada hostil. No sentían miedo: solo querían saber qué estaba pasando.

—Tranquilo, Samuel —dijo de pronto Vakypandy—, quiero ayudarlos. Sé cómo pueden devolver la paz a Pueblo. Sé cómo pueden evitar la invasión.

—Pero, pero... —tartamudeó Vegetta sorprendido al ver que su mascota le llamaba por su nombre—. ¿Quién eres? ¿Eres Vakypandy? Espera, mejor dicho..., ¿qué eres?

—Soy Vakypandy, tu mascota —dijo—, pero también soy algo más. Mi nombre real es este, pero no importa, porque ni siquiera podríais pronunciarlo —dijo mientras dibujaba algo en el suelo con sus pezuñas:

⊥ 𝄍 ✝ ‖ ‖! 𝄍 𝄏 ⊰ ‖

—Lo importante —siguió diciendo— es que puedo llevarlos hasta alguien que los ayude a evitar la invasión zombi, antes de que ocurra.

—¡Esas son las letras de los encantamientos! —dijo Vegetta tirando del brazo a Willy—. ¡No sé qué dicen, pero sé que son esas!

—Sí, son las mismas letras de esos conjuros que tan bien se te dan —dijo Vakypandy. «No solo es mágica, sino que también le gusta el sarcasmo», pensó Vegetta—. Samuel, Guillermo, tienen que hacer algo. Pueblo no es el único sitio que ha sido invadido por las criaturas, y no será el último. Algo está pasando, y ustedes ya lo empezaron a notar. ¿Verdad que tuviste un sueño muy raro hace poco, Samuel? ¿Verdad que ayer empezó a hacerse de noche demasiado rápido, Guillermo? ¿Verdad que te hice volar por encima del río, Guillermo? ¿Verdad que están pasando cosas que parecen no tener sentido? —Vegetta y Willy se miraron y asintieron—. Solo hay una persona que puede devolver a la normalidad nuestro mundo, pero no va a ser fácil llegar hasta él. Les hablo del Rey Guerrero: el Sabio Creador, capaz de mover hacia atrás el tiempo. Él puede hacer que todo vuelva a la normalidad.

—¿Y cómo se supone que vamos a encontrar a este Mago Guerrero? —preguntó Willy.

—Rey. Rey Guerrero —lo corrigió Vakypandy—. Lo reconocerán por su sombrero negro, con una muesca en el ala y tan antiguo que nadie lo ha visto sin él.

—¡¿Tenemos que ir preguntando a toda la gente con sombrero que veamos por ahí?! —dijo Vegetta, que no conseguía entender lo que estaba pasando.

—Ah, bueno, hay un detalle —dijo Vakypandy—: vive en un barco varado en una playa remota; una playa que baña una isla flotante, una isla en las nubes, a la que es imposible acceder sin ayuda de la magia. Igual tenía que haber empezado por ahí.

Todavía en shock por lo que estaba pasando, Vegetta y Willy se miraban sin decir nada. ¿Un Rey Guerrero? ¿Una isla flotante con un barco varado? ¿Viajes en el tiempo? Aunque les estaba costando asimilar tanta información, los dos tenían ganas de volver a salir de Pueblo para visitar lugares remotos y enfrentarse a los peligros que se cruzaran en su camino; sin hablar entre ellos, decidieron a la vez que tenían que buscar a ese personaje del que hablaba Vakypandy e intentar salvar el mundo.

—Espera, espera... —dijo entonces Vegetta—. A ver si me aclaro: tenemos que llegar a esta isla en el cielo para ver a este Rey Guerrero, y tú tienes algún tipo de poder mágico y nos quieres ayudar. Lo aceptamos. Pero

¿a qué viene todo esto de ir de pie? ¿Es necesario hacer el truco de los ojos y la luz? ¿No ves que casi nos matas del susto?

—Yo... —Vakypandy parecía avergonzada; sus ojos volvieron a la normalidad y recuperó su posición habitual, a cuatro patas—. Lo siento, pensé que lo disfrutarían más más si hacía un poco de espectáculo para contarles esto...

—No pasa nada, pero ten un poco más de tacto la próxima vez, que entre los zombis y esto casi nos volvemos locos...

Vakypandy, Willy y Vegetta desandaron el camino y volvieron al campamento del bosque donde habían pasado la noche. Trotuman seguía dormido a pierna suelta, ajeno a todo lo que acababa de ocurrir, y a la aventura que tenían por delante.

CAPÍTULO 4

Duelo (I)

Sin darle demasiadas vueltas, Vegetta, Willy y sus mascotas emprendieron el camino que les habría de llevar hasta el Rey Guerrero. No dejes para mañana lo que puedas hacer hoy, dicen; habían invertido suficiente tiempo en Pueblo como para que mereciera la pena intentar recuperarlo. Era un camino largo y en el que no sabían con qué podrían encontrarse; según lo que les había dicho Vakypandy, para llegar hasta la isla flotante en la que vivía el Rey Guerrero tenían que atravesar todo el mapa.

—Espera, espera... ¿Qué mapa? —preguntó Vegetta.

—¿No lo ves? —dijo Willy señalando al mapa que había desplegado en el suelo.

Era un mapa antiguo y lleno de borrones, con los dobleces del papel marcados y suficientemente deteriorado como para que solo pudieran confiar en él a me-

dias. El objetivo estaba claro, sin embargo: para llegar hasta la nube tenían que viajar hacia el sur, rodeando las montañas que había más allá del desierto, y encontrar por el camino alguna forma de volar hasta la isla del Rey Guerrero, que flotaba en las nubes encima de un gran lago formado en el terreno del que se había desprendido la tierra en la que ahora vivía el legendario Sabio Creador. Iba a ser un viaje muy largo.

El grupo siguió el camino que les marcaba el mapa hasta salir del bosque. Delante de ellos se extendía una gran llanura; el horizonte, al fondo, prometía todo lo que su imaginación, que en ese momento estaba disparada por la posibilidad de tener un poco de acción a la vista, pudiera ofrecerles. Caminaron en silencio hasta que perdieron la cuenta del tiempo; todo lo que tenía de prometedor el horizonte en un principio acabó convirtiéndose en aburrimiento mientras la vegetación se hacía más débil y la hierba dejaba paso a la tierra, cada vez más presente en el suelo que pisaban. Había que hacer algo.

—Lo único que hemos hecho durante horas ha sido caminar —dijo Willy rompiendo el silencio del grupo—. No nos hemos cruzado ni con un animal. ¿Por qué nos has traído a un sitio tan aburrido?

—¿Quieren salvar Pueblo o no? —preguntó Vakypandy.

—A ver, sí, pero esto es un aburrimiento. Si fuera un libro, sería un aburrimiento —dijo Willy—. Es como *El señor de los anillos,* pero sin orcos.

—Es como *Spartacus,* pero sin gente desnuda —dijo Vegetta.

—A mí se me hace con gente vestida —dijo Willy.

Echaron a reír.

—Es como *Star Wars* si todas las películas fueran en el planeta en el que Luke Skywalker era un granjero.

—Es como...

—¡Un momento! —interrumpió Vakypandy.

Habían llegado a un desnivel en el terreno; a sus pies, un camino sinuoso comunicaba con un desierto: la tierra agrietada y la vegetación muerta contrastaban con el frondoso bosque que habían dejado atrás hacía un rato. Vakypandy señalaba al fondo: en medio del desierto había un pueblo que llegaba a ser tal solo por los pelos. Unas pocas casas de madera en medio de la nada. Semejaba uno de esos pueblos del Salvaje Oeste que salían en las películas, pero a su alrededor no parecía haber ninguna fuente de alimento. Desde luego, no había ninguna fuente de diversión. ¿Quién demonios querría vivir ahí?

—Vamos hacia allí —dijo Vakypandy—. Llevamos caminando un buen rato. Es la primera señal de

vida que encontramos en horas y está atardeciendo; quizá tengan provisiones y podamos pasar la noche allí.

—Es como *Volver al Futuro III,* sí... sí... —dijo Willy—. Es más o menos así, en realidad.

☆☆☆

Ni un alma en el pueblo cuando llegaron a él. El único sonido que se escuchaba era el silencio del desierto, ese silencio de arena volando por el aire: ni un alma en la calle principal, la única, parecía, que había en todo el pueblo. Las marcas del suelo dejaban en evidencia la presencia de alguien, sin embargo; cuando se acercaron al bar del pueblo (un edificio más grande que el resto y con un letrero que no dejaba lugar a dudas: saloon), vieron a un caballo atado a un poste frente a la puerta. Del interior llegaba un murmullo apagado.

—¿Entramos? ¿Escuchan? —preguntó Vegetta en voz baja.

—Parece que hay gente cuchicheando. Parecen muchos, además. Vamos a mirar —sentenció Willy empezando a caminar.

—Un momento... —dijo Vegetta, sin poder retener a su amigo.

Willy abrió la puerta y entró, seguido de cerca por Vegetta, que aceleró el paso para alcanzarle. Trotuman

se cayó de espaldas ante el estruendo que les recibió cuando entraron.

—¡FELICIDADES! —gritaron todos los que estaban dentro.

El corcho de una botella de champán salió volando desde el fondo con una ruidosa explosión, voló por todo el bar y acabó golpeando a la lámpara de madera que colgaba del techo, que empezó a moverse caóticamente. Del piso de arriba comenzó a caer confeti, lanzado por un grupo de personas que sostenían bolsas enormes llenas de papeles de colores. Ruidos de vasos, golpes en el suelo y gritos de todo tipo llenaron el bar, que se convirtió de golpe en una fiesta estruendosa.

—¡Un momento! —se escuchó de pronto—. ¡¡Un momento, he dicho!!

Nadie hacía caso a la voz. Una niña pequeña se subió a la barra, sacó una pistola de la falda y disparó al techo.

—¡Que se callen! —gritó. Se hizo el silencio. La niña señaló al grupo que acababa de entrar—. No es mi padre, miren. Son una pandilla de raros que se perdieron.

Todo el mundo miró hacia ellos, decepcionados por no ver a la persona a la que esperaban. Se colocaron los sombreros, carraspearon, se sentaron en sus sitios. La niña, mientras tanto, se acercaba a Vegetta y Willy.

—Bueno, a ver, ¿y ustedes quiénes son? —les preguntó malhumorada.

—Venimos en son de paz —dijo Vakypandy.

—Hey, no son marcianos, son personas —dijo Vegetta—. Yo soy Vegetta y él es Willy; el tipo bajito y con pinta de tortuga es Trotuman, y la que acaba de hablar es Vakypandy. Pasábamos de camino y pensamos que quizá podríamos parar a descansar y reponer fuerzas.

—Perdón por lo del... ¿cumpleaños? —dijo Willy.

—El de mi padre, sí —dijo la niña—. Disculpas aceptadas. Perdón por el mal humor: se suponía que mi padre tenía que haber llegado ya, y...

La puerta volvió a abrirse y todo el mundo se fijó en ella.

—¡FELICIDADES! —gritaron todos de nuevo.

El ruido esta vez fue bastante distinto: sillas moviéndose mientras la gente del pueblo se levantaba, algún aplauso, el chirrido de la lámpara del techo, que aún se balanceaba por el golpe del corcho. Las gotas que caían al suelo de la botella de champán eran un metrónomo que pronunciaba la incomodidad del momento.

—No tengo nada —dijo el hombre que acababa de entrar—. No había nada. La mina está seca.

Abrió los brazos y la niña fue corriendo a abrazarle.

VEGETTA777
Y WILLYREX

—La mina está seca. —Ni siquiera parecía preocupado por la reunión de vecinos que se habían organizado para recibirle. Miró a Willy y a Vegetta—. Y estos dos, ¿quiénes son? Da igual, ¡cantinero! ¡Ponme algo de beber! ¡Y que sea fuerte!

Willy y Vegetta se miraron y siguieron al hombre, que sentó a su hija en la barra y apoyó los codos en ella. La ropa del hombre estaba llena de polvo y manchas; su pantalón se sostenía con unos tirantes mínimos y demasiado ajustados que le dejaban marcas en la espalda, solo parcialmente cubierta por la camiseta interior que algún día fue blanca y que ahora era de un color muy parecido al del desierto. Su cara, mientras bebía lo que le había servido el cantinero, se mantuvo inmóvil: no parecía estar enfadado, sino más bien decepcionado por algún motivo.

—Perdone... —dijo Willy tocándole en el hombro—. Nosotros...

—Qué pasa —dijo el hombre, seco.

Vegetta y Willy se presentaron y explicaron al hombre por qué estaban allí. Se disculparon por el error de la fiesta sorpresa y prometieron continuar con su camino lo antes posible.

—Solo querríamos saber si pueden prestarnos algunas provisiones, señor... —dijo Willy.

—Me llamo Cleef, y esta es mi hija, Millie. Sobre la fiesta, no se preocupen —respondió el hombre tranquilo y serio—, no es nada. No me importa mi cumpleaños. No sé cuántos años tengo: sé cuántos años llevo en la mina, pero no cuántos tengo. Sobre las provisiones, ya oyeron. La mina está seca. Nada. Ni una criatura de la que sacar carne. Cero.

—¿Cazan en la mina? —preguntó Vegetta.

—No se puede cazar en otro sitio —dijo el hombre—. Es el único lugar donde hay algo comestible. Ratas, zombis...

—¡¿Qué dices?! —exclamó Vegetta sorprendido—. ¡¿Se comen a los zombis?!

—Es lo que hemos comido siempre. Mi padre comía zombies, y su padre, y el padre de su padre. El bisabuelo de mi padre era vegetariano, pero su padre también comía zombis. ¿Algún problema? —preguntó.

—N... no, ninguno —respondieron Willy y Vegetta.

—Pero ahora la mina está vacía. Cuando fui hace un par de días, vi a un grupo saliendo de ella y yendo hacia el norte, algo que me pareció raro. Aun así entré y... ¡pof! Ni rastro de nada. Solo oro. ¡Solo oro! Nadie puede alimentarse de oro. Creo que el bisabuelo de Wayne... —se dio la vuelta y silbó hacia las mesas,

VEGETTA777
Y WILLYREX

tratando de llamar la atención de alguien—. ¡Wayne! ¡Wayne! ¿Era tu bisabuelo el que comía oro?

—¡Sí, señor! ¡Le daban igual los quilates! —respondió Wayne.

—Pues eso —dijo Cleef, volviendo a apoyar los codos en la mesa—, yo no como oro ni mi hija come oro ni nadie que conozca come oro, así que si no hay zombis no hay comida. ¿Entienden?

—Hacia el norte... —decía por lo bajo Vakypandy—. ¡Ya lo tengo! ¡Esos zombis iban detrás de nosotros! ¡Son los que fueron a Pueblo!

Un destello de sospecha se pudo ver en los ojos de Cleef, repentinamente interesado en lo que Vegetta y Willy tuvieran que decir.

—Algo les hizo salir de la mina —continuó Vakypandy—, y puede que haya alguna pista todavía allí. Quizá nos convenga ir a echar un vistazo. Los zombis...

—¿Has dicho que han atacado su pueblo? —preguntó Cleef girándose hacia Vakypandy—. ¿Quieren ir a echar un vistazo a la mina?

—Sí, sí... —rumiaba Vakypandy, sin prestar demasiada atención. Cleef hizo una señal; varias personas se levantaron de sus sillas y se acercaron al grupo—. Es-

pera un segundo, ¿no les sorprende que esté hablando? ¡Soy una cabra que habla! ¡Eh! ¡Eh, espera!

Los habitantes del pueblo sujetaron al grupo y comenzaron a arrastrarlos hacia fuera; estaban totalmente inmovilizados: no había manera de resistirse.

—No me sorprende, no —dijo Cleef—. He oído hablar de ti. Es justo como nos contó aquella bruja. Los tipos con ropa rara, el ser mitad hombre y mitad tortuga, la cabra que habla... Llévenlos a la prisión!

—¡Un momento! —gritó Willy.

—¡Silencio, o no llegan ni a la celda! —le interrumpió Cleef—. No les vamos a hacer daño. No somos unos salvajes. Van a pasar la noche en una celda. No todo el mundo por aquí puede presumir de tener un techo bajo el que dormir. Mañana... —sonrió—. Mañana será otro asunto. Mañana se medirán en un duelo con el mejor pistolero del lugar.

A Willy y Vegetta se les escapó un grito sordo ante la noticia.

—Si lo que decía aquella bruja no era cierto, no tienen nada que temer, tranquilos —continuó Cleef—. Si era cierto... En fin, qué les voy a contar. Si era cierto, mañana estarán muertos. *Game over*, forasteros. *Game over*.

VEGETTA777 Y WILLYREX

MIENTRAS TANTO EN UN DESÉRTICO PUEBLO...

SALOON

¡¡¡FELICIDADES!!!

NO TENGO NADA

ME LLAMO CLEEF Y LA MINA ESTÁ SECA

ELLA ES MI HIJA, MILLIE

¿CAZAN EN LA MINA?

ES EL ÚNICO SITIO DONDE HAY ALGO COMESTIBLE, COMO RATAS Y ZOMBIS

·1·

NO ME SORPRENDE, HE OÍDO HABLAR DE USTEDES, JUSTO COMO CONTÓ LA BRUJA

¡Oye!

¡¡UN MOMENTO!!

NO LES VAMOS A HACER DAÑO. VAN A PASAR UNA NOCHE EN LA CELDA. MAÑANA SE MEDIRÁN EN UN DUELO.

SI LO QUE DECÍA AQUELLA BRUJA NO ES CIERTO, NO TIENEN NADA QUE TEMER. PERO SI ES CIERTO, MAÑANA ESTARÁN MUERTOS.

GAME OVER
FORASTEROS
GAME OVER

·3·

CAPÍTULO 5

Duelo (II)

Trotuman y Vakypandy dormían en el suelo de la celda mientras Vegetta y Willy se mantenían en vela, intentando entender de qué les había hablado aquel minero, Cleef, antes de encerrarlos en la prisión. No habían pegado ojo en toda la noche. ¿Qué sabía esa gente sobre ellos? ¿De qué bruja hablaba? ¿Qué duelo? En silencio, Willy se apoyaba en los barrotes de la prisión mientras Vegetta, con un trozo de hierro que había arrancado del único camastro que había en la celda, garabateaba dibujos grabándolos en la pared, distraído y sin pensar apenas en lo que estaba haciendo, concentrado en el poco esperanzador día de mañana que les esperaba.

—¿Qué haces? —preguntó Willy—. ¿En qué nos hemos metido? ¿Cómo vamos a salir de esta?

—No tengo idea —respondió Vegetta—. Pero ya oíste a ese tipo: o se nos ocurre algo o mañana se nos comerán los gusanos.

—Si les tendemos una trampa con TNT... —Willy miró hacia sus mochilas, retenidas en una caja fuera de la celda; se las habían quitado antes de encerrarlos. Era una prisión escueta, polvorienta y en la que no habían

invertido demasiado tiempo: apenas cuatro paredes con una vieja mesa de madera, tres celdas minúsculas y una ventana, al fondo, también protegida por barrotes—. Un momento, ¿por qué no nos acerca nuestras cosas Vakypandy? Podríamos escapar de aquí haciendo un agujero en la pared. Que use su magia para recogerlas, si pudo movernos a Trotuman y a mí por encima de un río, tiene que poder mover unas mochilas.

—¿Qué dices? ¿Sigues con esa idea en la cabeza?

—¡Tú mismo viste cómo se puso de pie! ¡Le brillaban los ojos!

—Supongo que tienes razón —se resignó Vegetta—. Estamos aquí por su culpa, así que merece la pena intentar que nos ayude a salir de aquí.

Vegetta despertó a Vakypandy, cogiéndola de una pata y agitándola. La mascota se despertó de pronto, como si acabara de salir de un sueño muy intenso.

—Vakypandy, tienes que ayudarnos —le dijo Vegetta—. Usa tu magia para recoger nuestras cosas. Están ahí fuera.

—¿Q... qué pasa? —dijo Vakypandy—. ¿De qué hablas?

—Nuestras cosas. Enciende los rayos y acerca las mochilas; están ahí fuera —dijo Willy apuntando a la caja.

VEGETTA777
Y WILLYREX

—Me despiertas sin preguntar, no me dices ni «por favor»... Esos modales, muchacos —dijo Vakypandy. Sus ojos se iluminaron y de su cabeza salió un rayo de luz como el que había hecho flotar a Willy y Trotuman por encima del río. La caja, flotando, comenzó a moverse hacia la celda. Cuando estaba cerca, Willy tomó las mochilas y las metió por entre los barrotes.

—¡Bien, Vakypandy! —dijo mientras le acercaba su mochila a Vegetta.

Comenzaron a buscar en las mochilas a toda prisa. Willy recordaba haber metido algo de TNT en su interior; mientras buscaban, la puerta de la prisión empezó a hacer ruido, como si alguien la estuviera abriendo.

—Viene alguien —dijo Vakypandy—. ¡Rápido, agarren lo que necesiten y dejen las mochilas en la caja!

Willy tomó TNT y lo escondió detrás de Trotuman; Vegetta tomó su arco y lo escondió bajo su ropa: la armadura demostró ser un sitio perfecto para ocultarlo. Pusieron las mochilas de nuevo en la caja y Vakypandy empezó a moverla de nuevo hacia el sitio de donde la había recogido. Cuando la puerta se abrió, Vakypandy volvió a la normalidad y la caja cayó con un ruido al suelo. La que estaba entrando era Millie, la hija de Cleef; fuera, empezaba a clarear con los primeros rayos del sol. Realmente habían estado toda la noche en vela.

—¿Qué fue ese ruido? —preguntó Millie.

—¡Nada, nada! —dijo Willy golpeando los barrotes con el trozo de hierro de Vegetta—. Solo nos estábamos distrayendo...

—Más les vale no estar demasiado distraídos en el duelo —dijo Millie—, porque ahí no hay segundas oportunidades. Vamos, despierten a la tortuga. Está amaneciendo. Es la hora.

—¡¿Ya?! —dijo Vegetta.

—¡Sí, ya! —gritó Millie—. Lo siento si no les dio tiempo a hacer el tratamiento de belleza. Para recibir una bala no necesitan ponerse cremas. ¡Vamos!

Willie se dio la vuelta y tomó a Trotuman en brazos; se quitó la chamarra, cubrió a su mascota con ella y escondió dentro la dinamita mientras le daba la espalda a Millie. Miró a Vegetta y asintió. Tendrían que improvisar algo.

☆☆☆

El sol empezaba a asomar por el horizonte cuando salieron de la prisión. En la calle, algunos curiosos habían abandonado sus casas para ver el espectáculo; otros miraban por las ventanas, curiosos. Ninguno confiaba en que los forasteros fueran a salir con vida del duelo. Millie llevó a Vegetta y Willy hasta el sitio donde se ce-

lebraría; frente a ellos esperaba Cleef, que parecía no haberse quitado la ropa de trabajo ni para dormir. Masticaba un palo y sonreía: confiaba en que fuese la última vez que iba a ver con vida a Willy y Vegetta. Millie se acercó a su padre.

—¡Buenos días, princesas! —gritó Cleef—. Ha llegado el momento. Un duelo al amanecer: no todos los días tenemos la fortuna de vivir algo así en este pueblo.

Los espectadores empezaron a reír y gritar; era evidente que disfrutaban con lo que estaban viendo.

—Supongo que ya saben cómo es esto —continuó el minero—. Se enfrentarán a la tiradora más experta del pueblo. Ya conocen a Millie, claro —mientras decía esto, su hija sacó su revólver y dio un paso al frente.

—¿Una niña? —dijo Vegetta—. ¿Vamos a enfrentarnos a una niña?

—¡Cuida lo que dices cuando hables de mi hija, forastero! —gritó Cleef—. Nadie dispara como Millie en este pueblo, y nadie ha salido con vida en un duelo contra ella.

Millie miró hacia un lado y apuntó con su revólver; disparó tres veces y acertó en las jarras de tres curiosos que se habían acercado a ver el duelo, que estallaron en mil pedazos, salpicando en todas direcciones. Una mujer gritó. Los curiosos soltaron las jarras, que ya eran

solo mangos, y comenzaron a aplaudir y silbar. Millie tomó tres balas de su cinturón, recargó el revólver y lo guardó en su pistolera.

—Para hacer las cosas un poco más interesantes, serán dos contra uno; mi hija contra ustedes dos. ¡Cantinero, las armas! —dijo Cleef.

El cantinero del pueblo se acercó a Vegetta y Willy y les entregó dos revólveres. Mientras tanto, un tipo vestido de negro les tomaba las medidas.

—Sus pistolas solo tienen una bala, para nivelar la desventaja. Se suele decir que dos cabezas piensan mejor que una, y Millie ha insistido en que quiere comprobar si dos forasteros apuntan mejor que uno.

—Está fácil, papá —dijo Millie.

—¿Quieres que disparemos a una niña, en serio? —preguntó Willy.

—¡No te he pedido que hables, forastero! —le reprendió Cleef—. Basta de cháchara, no quiero arruinar el amanecer. No solemos tener visitas en el pueblo, y mucho menos la oportunidad de ver un buen duelo al amanecer. ¡Prepárense!

Cleef se apartó y Millie quedó sola frente a Willy y Vegetta. La calle principal del pueblo estaba vacía, todo polvo y piedra. A los lados, la gente se amontonaba en las entradas de las casas, con ganas de ver el duelo; los

VEGETTA777
Y WILLYREX

que no estaban despiertos ya se habían despertado con la presentación de Cleef. Se les notaba ávidos de espectáculo. Millie agarró con fuerza su revólver, guardado en la funda que colgaba de su cinturón; la mano apenas le llegaba para desenfundarlo, pero estaba claro que sabía disparar.

—No puedo disparar a una niña —dijo Willy a Vegetta.

—Es ella o nosotros —respondió.

—¡Pero es una niña!

—¡No hemos venido aquí a hablar! —gritó Millie poniéndose en posición.

El silencio era absoluto. La gente miraba con atención a los duelistas, separados por unos metros de distancia y una tensión que podía cortarse con un cuchillo. A un lado, Vakypandy y Trotuman miraban, mientras uno de los habitantes del pueblo no les quitaba el ojo de encima, como si estuviera viendo ya la cena de esa noche. Al fondo, el sol seguía saliendo, sin prisa, como intentando que Vegetta y Willy disfrutasen de la vista por última vez.

De repente, Millie sacó el revólver. Willy y Vegetta hicieron lo mismo; cerraron los ojos y se escuchó un disparo.

—¿Ya? —dijo Willy abriendo un poco un ojo.

Millie sonreía frente a ellos. Solo salía humo del cañón de Vegetta, que había fallado el disparo; Millie ni se había molestado en intentarlo. Quería disfrutar ese momento.

—¡Un momento! ¡No puedo disparar a una niña! —gritó Willy.

—¡Pero yo sí puedo dispararles a ustedes! —dijo Millie apuntándoles.

Un silbido distrajo a los duelistas. Era Trotuman, llamando la atención de Vegetta y Willy; en sus manos tenía el TNT que Willy había escondido en la chamarra. El resto fue cuestión de segundos: Trotuman lanzó la dinamita, que cayó en la calle principal en medio de los duelistas; aprovechando que Millie se distrajo un momento, Vegetta sacó el arco que había escondido antes y disparó una flecha al suelo, que quedó clavada al lado del TNT.

—¡Willy, ahora! —gritó Vegetta.

Willy disparó a la flecha; la bala chocó contra la punta y la chispa prendió fuego al TNT. Antes de que Millie pudiera decir nada, una explosión levantó una polvareda tan espesa que era imposible ver qué había al otro lado. Vakypandy y Trotuman aprovecharon la distracción para salir corriendo hacia Willy y Vegetta.

—¡Vámonos de aquí antes de que nos den un tiro! —dijo Vakypandy.

El grupo salió corriendo, alejándose todo lo deprisa que podían del pueblo. Mientras corrían, los disparos de Millie silbaban a su alrededor. Con la cabeza agachada, Willy, Vegetta y sus mascotas corrieron hasta que dejaron atrás el pueblo; sin mirar atrás, corrieron sin saber bien hacia dónde iban: solo querían estar lejos de allí lo antes posible. Millie y Cleef corrieron detrás de ellos, pero no pudieron correr lo suficiente; para cuando pudieron ver bien a través de la polvareda, ya estaban demasiado lejos como para alcanzarlos. Millie tiró su revólver al suelo.

—¡Papá, se han escapado! —dijo la niña—. ¡Me dijiste que era imposible que se escaparan!

—Lo sé, hija —respondió Cleef—. Maldita sea... Tenía muchas ganas de cenar cabra.

·1·

CAPÍTULO 6

Mina

Ya sin aliento, el grupo se paró detrás de una roca enorme que se levantaba varios metros sobre el suelo; aunque hacía tiempo que habían dejado atrás aquella aldea, y con ella el duelo y el peligro de acabar con un agujero en el cuerpo, no pararon de correr hasta que el agotamiento los obligó. Por precaución se escondieron detrás de la piedra, por si alguien los había seguido.

—Nos hemos librado por nada —dijo Willy sofocado por la carrera y todavía nervioso por el duelo que acababa de terminar a la fuerza, apoyado en la piedra, tan grande que parecía casi una montaña en miniatura.

—No hace falta que lo digas —respondió Vegetta—, pasar de un cumpleaños a un tiroteo no es algo a lo que esté acostumbrado.

—¡Un momento! —interrumpió Vakypandy.

La mascota de Vegetta se fijó en que algo era distinto en el desierto. Miró a Trotuman y los dos asintie-

ron, como si se hubieran comunicado de alguna manera. Alrededor del grupo, la arena estaba llena por rocas oscuras, puestas de manera irregular, y algunas de ellas con señales de haber sido manipuladas por alguien. Vakypandy pensó automáticamente en Cleef, el minero con la hija pistolera; había hablado de una mina, y quizá esas rocas los podrían llevar hasta ella.

—Tenemos que buscar el sitio del que hablaba aquel tipo —les dijo a Vegetta y Willy—. Dijo algo de unos monstruos que vivían en la mina y de una bruja que le había dicho algo sobre nosotros. Quizá encontremos alguna pista, y no nos iría mal hallar algún lugar que tomar de referencia para orientarnos, porque creo que es realista reconocer que estamos perdidos en medio de la nada.

—¿Acabamos de salvar el pellejo y nos propones ir a buscar una mina en la que posiblemente haya un montón de zombis y una bruja que, creo que estaremos de acuerdo, no quiere nada bueno para nosotros? —preguntó Willy.

—Dicho así suena mal —reconoció Vakypandy—, pero según aquel minero la última vez que fue no había ni rastro de zombis. Creo que merece la pena investigar. Quizá saquemos algo en claro sobre qué provocó el ataque a Pueblo.

VEGETTA777
Y WILLYREX

—Está bien, está bien —Willy se resignó ante la posibilidad de deshacer el mal que había ocurrido en su ciudad—. ¿Alguna idea de por dónde empezar?

—Miren alrededor —dijo Vegetta señalando las rocas que se esparcían a los lados sin orden alguno—. En estas piedras hay señales de manipulación humana. Aquella, por ejemplo, parece arrancada con un pico; se le debió de caer a Cleef mientras la transportaba.

—¡Bien pensado! —dijo Vakypandy.

—¿Quizá si seguimos el rastro de piedras lleguemos a la mina? —sugirió Vegetta.

—Puede ser —dijo Willy—, pero intenta pensar de manera menos rígida.

—¿A qué te refieres?

—Las piedras no parecen colocadas a conciencia, sino que se deben de haber caído, como decías, mientras las transportaban hacia otro sitio —razonó Willy—. No pensemos en un rastro dispuesto a propósito y que nos pueda llevar hasta la mina: creo que deberíamos esperar un camino bastante más caótico, dada la forma también caótica en que están esparcidas las rocas.

—Además —añadió Vakypandy—, hay bastante distancia entre ellas, y no siguen una dirección concreta. Es casi como si hubieran caído del cielo, como meteoritos.

—¡O como si de la mina extrajera piedra más de un pueblo y cada uno llevara su parte en una dirección! —apuntó Willy.

—¡Bien pensado! —dijo Vegetta—. ¡Me quedo anonadado, loco a la vez que impactado!

Mientras Willy, Vegetta y Vakypandy le daban vueltas al misterio de las piedras, un silbido rompió el silencio del desierto; era Trotuman, que asomaba al otro lado de la piedra, haciendo gestos con la mano para que los otros se acercaran a él.

—Parece que ha encontrado algo —dijo Willy—. Vamos a ver.

Rodearon la piedra hasta llegar a donde estaba Trotuman. Con una sonrisa en los labios, la mascota de Willy mostró a sus compañeros lo que había encontrado: unos rieles en el suelo se perdían más allá de la entrada a la mina, que estaba mucho más cerca de lo que habían pensado.

—Eres increíble, Trotuman —dijo Willy a su mascota chocando los cinco con él.

—Ya, ya —cortó Vakypandy—, tampoco le hagamos una fiesta por haber paseado alrededor de una piedra. Vamos adentro, a ver si encontramos alguna pista.

Siguiendo el riel de la entrada, el grupo avanzó a lo largo de los túneles de la mina. Parecía ser una cons-

VEGETTA777
Y WILLYREX

trucción más compleja de lo que podía pensarse por la austeridad de su exterior: aunque por seguridad siguieron la vía que guiaba a las los vagones a través de la mina, a sus lados se desplegaba toda una red de pasillos que, devorados por la oscuridad, podían llevar a cualquier sitio, o no llevar a ninguno. Trotuman iluminaba el camino con un encendedor: a medida que profundizaban en la mina, las lámparas que los mineros habían ido colocando para moverse con seguridad por los túneles eran más escasas.

—No parece haber nada interesante —dijo Vegetta.

—Tiene que haber algo —dijo Vakypandy—. Aquel minero hablaba como si los monstruos nacieran aquí.

—¡Normal! ¡No querrás que nazcan en el hospital, con una enfermera que les dé un par de nalgadas! —Willy bromeaba para evitar pensar en las arañas que trepaban por las paredes: aunque eran pequeñas, le daban el mismo miedo que si fueran gigantes. No podía dejar de mirarlas de reojo mientras avanzaban hacia las profundidades de la mina.

—Solo son unas arañitas, Willy —dijo Vegetta aplastando una con el cuerpo de su arco.

El grupo siguió las vías, avanzando cada vez más lento, apoyado ya casi exclusivamente por la luz del en-

cendedor. Cuando giraron una esquina, se encontraron con un vagón volcado al lado de un montículo de rocas, que marcaba el final del riel. A su lado, un cartel avisaba del final del camino, a pesar de que el túnel continuaba.

—Deberíamos irnos —dijo Vegetta—. Es el final del camino.

—¿No ven eso? —dijo Willy fijándose en la siguiente esquina del túnel—. Espera..., ¿es una persona?

Al fondo, alguien los miraba asomando solo un poco la cabeza. La antorcha que llevaba en la mano, a pesar de estar escondida fuera de su vista, delataba definitivamente su presencia.

—¡Eh, hola! ¿Quién eres? —gritó Willy.

Vegetta lo jaló de su chamarra, pero no consiguió hacer cambiar de opinión a su temerario compañero.

No consiguieron hacerse una imagen de aquel extraño individuo antes de que echara a correr en la dirección contraria.

—¡Oye, espera!

Willy gritó y echó a correr detrás del espía. Vegetta trató de detenerlo, pero no pudo hacer nada; lo único que podía hacer era seguirle e intentar no darle muchas vueltas al lío en el que podían meterse por su afición insaciable al peligro.

VEGETTA777
Y WILLYREX

Siguieron la estela de la antorcha durante varios minutos, corriendo por la red de galerías. Sin parar ni un segundo, vieron cómo a medida que se internaban había más esqueletos de animales, cada vez más grandes; las paredes del túnel se hacían más y más toscas, y poco a poco el número de bifurcaciones de lo que ellos habían considerado el camino principal era menor. Cuando pensaban que ya habían perdido al desconocido, giraron una esquina y se lo encontraron en un campamento de aspecto pobre, con una tienda de campaña improvisada con telas y palos, una hoguera apagada y varias mochilas, todas distintas. Buscaba algo en ellas; en cuanto vio que sus perseguidores le habían encontrado, salió corriendo de nuevo hacia una luz que se veía al fondo del único pasillo que salía del rudimentario campamento. El grupo le siguió todo lo rápido que pudo, pero cuando llegaron al final del camino ya lo habían perdido: el origen de la luz era una caverna inmensa que se extendía más allá de lo que les alcanzaba la vista. El túnel se cortaba en seco, y el camino se convertía de súbito en una caída difícil de calcular a simple vista: eran varios cientos de metros, eso estaba claro. Frenaron en seco y miraron hacia abajo.

—Se nos ha escapado —dijo Willy molesto.

A pesar de su inmensidad, la caverna estaba más o menos iluminada por una potente luz que se filtraba a

través de unas grietas en el techo. A sus pies, minúsculas por la enorme distancia que había desde donde estaban hasta el fondo de la cueva, piedras de ámbar se incrustaban en las paredes; una extensión de agua parecida a la de un mar se desplegaba hasta más allá de lo que podía alcanzar su vista. Pudieron por fin fijarse, cuando miró hacia ellos mientras escapaba, en la extraña figura que los había estado espiando: volando sobre una escoba vieron a una bruja, con el rostro delgado y la nariz picuda, un sombrero viejo y plano sobre su cabeza y un peto oscuro sobre una camisa amarillenta, ropas más propias de un agricultor que de una experta en magia.

—Parece que no estaban locos —dijo Vegetta—. Esa debe de ser la bruja de la que hablaban los del pueblo.

—Es posible —dijo Willy mientras se amarraba una cuerda a la cintura—. Venga, recojan cuerdas: vamos a bajar a investigar.

—¿Cómo? ¿Estás loco? —preguntó Vegetta preocupado.

—Para nada —respondió Willy—. Esa bruja dijo algo sobre nosotros que nos acabó metiendo en un duelo. Pudimos salir con los pies por delante. Tenemos que descubrir qué está pasando.

—¡Vamos a tardar un montón en bajar con las cuerdas! ¿No puedes hacer nada? —preguntó Vegetta a Vakypandy, intentando quitarse de encima aquel inesperado marrón.

—Imposible —dijo Vakypandy—, demasiado alto. La mejor manera es la cuerda, y eso que es una bastante mala.

—Pues eso —Willy cerró la charla—, menos hablar y más usar la cuerda.

Willy y Vegetta ataron a sus mascotas y comenzaron el descenso. Se deslizaron por la pared de la cueva durante once horas hasta tocar suelo. Vegetta estaba visiblemente agotado: le había tocado cargar con Vakypandy, bastante más pesada que Trotuman.

Ya en el suelo, no podían creer lo que vieron allí: encerrados en el ámbar de las paredes, zombis, gigantes y toda clase de criaturas estaban en estado de suspensión. El grupo miró a su alrededor: el enorme mar, montes, árboles... Parecía otro mundo debajo de la tierra.

—¿Qué es todo esto? —preguntó Vegetta.

—No creo que Cleef supiera de la existencia de todo esto —dijo Vakypandy—, y tampoco creo que vayamos a encontrar a la bruja. Hemos tardado demasiado en llegar aquí abajo.

—Tenemos que encontrar alguna pista —dijo Willy—. Y pensar en una forma de salir de aquí también.

El grupo continuó avanzando, siguiendo la orilla del mar. Aunque se intuían paredes al fondo, la luz que entraba era demasiado pobre como para hacerse una idea exacta de lo que había más allá del agua. La vegetación también era diferente: los árboles y los arbustos nacían en islas de hierba que surgían aquí y allá entre las rocas que formaban paredes y montes. Estaba claro que no era una creación humana: no había caminos artificiales, y lo más seguro era continuar la senda natural que se había formado por la erosión, una suerte de playa de piedra que les permitió seguir adelante durante varios kilómetros hasta llegar a otro campamento. La hoguera todavía olía a ceniza y había restos de instru-

mentos de alquimia; la bruja debía de haber estado allí hacía no mucho.

—Busquen en los alrededores —dijo Willy—, quizá se haya dejado algo que nos dé alguna pista.

La hoguera y un montón de hierba y ramas sobre la que parecía que alguien se había sentado eran los únicos lujos que se había permitido la bruja esta vez, consciente de que estaba siendo perseguida. Trotuman encontró un pedazo de papel en el suelo, cerca del campamento.

—¡Buena, Trotuman! —Willy felicitó a su mascota y miró el papel: era un mapa con un punto señalado con pintura roja.

—¿Un mapa del tesoro? —preguntó Vegetta.

—No tengo ni idea —dijo Willy. Sacó el mapa de su mochila y colocó el papel encima: no tardó en localizar el sitio en el que aparecía la marca—. ¡Mirad aquí! En mi mapa es un bosque sin nombre, pero si la bruja lo ha marcado en el suyo tiene que significar algo. Tenemos que buscar este sitio.

—¡Estamos encerrados en una cueva! —dijo Vegetta—. ¿Cómo se supone que vamos a salir de aquí?

—Podemos intentar buscar una salida por el agua —dijo Vakypandy—. Hagamos una balsa y sigamos el agua. Tiene que venir de algún lado. Leí algo así en un libro hace mucho tiempo.

93

WIGETTA

—¡Ahora resulta que también sabes leer! —dijo Vegetta.

—¿Cómo no voy a saber leer? ¿Cómo crees que he aprendido tu idioma, torpe? —respondió Vakypandy.

—¿Y en qué libro se supone que has aprendido a llamar «torpe» a la gente?

—Eso lo aprendí de ti, claro —dijo Vakypandy.

—Un segundo —Willy interrumpió la discusión—, Vakypandy tiene razón. Esta agua tiene que venir de algún sitio. Si seguimos el mar tenemos que llegar a algún lado. Vamos a recolectar madera y hagamos una balsa. Sabéis cuánta necesitamos, ¿no?

—Perfectamente, jefe —dijo Vegetta haciendo un saludo al estilo militar.

No tardaron mucho en tener la madera: aunque no crecía en todos lados, las islas de hierba estaban bien pobladas, con frondosos arbustos y grandes árboles. Armaron una mesa de trabajo donde antes estaba el campamento y se pusieron manos a la obra: en un instante, la balsa estaba lista.

Se subieron a ella y comenzaron a remar con dos ramas gruesas, intentando seguir la dirección de la corriente: era débil, pero el agua parecía moverse hacia algún sitio. Supusieron que era buena idea seguir en esa dirección. Remaron durante un rato hasta que la luz se

VEGETTA777
Y WILLYREX

fue haciendo más tenue; Trotuman prendió el encendedor, que apenas conseguía iluminar un par de metros a su alrededor.

—¿Estamos seguros de esto? —preguntó Vegetta.

—Parece que vamos en la dirección correcta —dijo Willy—. Esta agua tiene que salir por algún sitio.

—Estoy agotado —dijo Vegetta—. Creo que el sueño me está empezando a afectar. Es como si viera cosas. Como si notara algo.

—Solo un poco más —Willy intentó animar a su amigo—. Parece que la corriente se va haciendo más fuerte.

—Esto..., chicos... —Vakypandy llamó la atención de Vegetta y Willy—. Creo que deberían ver esto.

Cuando miraron hacia atrás, vieron la gigantesca cola de un reptil que salía del agua varios metros por encima de ellos.

—¡Una serpiente! —gritó Vegetta.

—Creo que no es una serpiente... —dijo Vakypandy.

El agua empezó a moverse con fuerza a su alrededor cuando la cola se zambulló; el grupo se agarró a los bordes de la balsa, que empezaba a moverse de un lado para otro. A su alrededor se formaron olas con un estruendo enorme, y la balsa comenzó a elevarse: miraron

hacia abajo y vieron que estaban sobre el lomo de un animal enorme.

—¡Es un dinosaurio! —gritó Willy.

—¡Ahhhh! —Vegetta parecía haberse librado del sueño de golpe.

El dinosaurio comenzó a avanzar por el agua con la balsa sobre su lomo. A los lados, las aletas movían el agua con tanta fuerza que, de pronto, Willy, Vegetta y sus mascotas se desplazaban a toda velocidad: iluminados solo con la luz del encendedor, les resultaba imposible saber hacia dónde se estaban desplazando. Tampoco parecía importarles demasiado: toda su concentración estaba puesta en sujetarse con fuerza a la barca, que se mantenía en pie a pesar de los violentos violentas sacudidas que el atropellado viaje le estaba haciendo dar.

No podían saber cuánto tiempo llevaban avanzando cuando comenzaron a ver una luz que llegaba desde una grieta al fondo. Era difícil verla aún, pero la luz era una buena señal: quizá desde allí podrían salir al exterior.

—¡Al fondo! ¡Una luz! —gritó Willy.

El dinosaurio aceleró y se elevó un poco más. Frente a ellos emergió su cabeza, al final de un largo cuello; emitió un chillido ensordecedor, tan alto que hacía daño en los oídos. Trotuman había soltado la barca para taparse con las manos cuando el dinosaurio

volvió a sumergirse. La barca cayó de peso contra el agua, y Trotuman no consiguió mantener la estabilidad. Antes del golpe, Willy logró agarrar a su mascota del brazo sin dejar de sostenerse la barca. La cola del dinosaurio, lo último que se sumergió, formó una violenta ola que despidió hacia delante la balsa, con tanta fuerza que Trotuman cayó de golpe contra Willy; el choque les arrojó contra el suelo. Willy sintió un dolor punzante en el costado.

—¡Vegetta, agárrame! —gritó.

Su amigo se acercó con esfuerzo hasta él y le tendió el brazo para que se agarrara de él. La balsa se movía más rápido que nunca en dirección a la luz. Las olas que había formado el dinosaurio estaban llenándola de agua, que empezaba a astillar la madera; no iba a aguantar mucho más. En uno de los irregulares movimientos, la fuerza de las olas hundió la proa e hizo que la balsa se inclinara hacia delante; el grupo salió despedido. Todo lo demás, oscuridad. ☆☆☆

Vegetta comenzó a despertar y a toser agua; tardó un poco en recuperar la orientación y recordar lo que había pasado. Unos metros más allá, Willy seguía agarrado a Trotuman, ambos sin conocimiento. Vaky-

pandy comenzó a toser a su lado.

—¿Estás bien? —le preguntó mientras la agitaba.

—S... sí... Creo que sí —respondió su mascota—. ¿Dónde está Trotuman?

—Allí, con Willy —dijo—. ¿A qué viene ese interés por Trotuman?

—¡Nada, nada! —dijo Vakypandy poniéndose a cuatro patas y terminando de toser el agua—. Vamos a ver qué tal están.

Se acercaron a sus amigos y los reanimaron. Las consecuencias del golpe eran menores de lo que su violencia parecía augurar; estaban magullados y algo doloridos, pero se recuperarían. Willy se levantó la camisa y miró en su costado: se había hecho un rasguño con las astillas de la barca, pero la herida no era grave.

—¿Dónde estamos? —preguntó.

—No tengo ni idea —dijo Vegetta mirando a su alrededor—. Mira, la luz parece venir de allí.

Caminaron a duras penas en dirección a la apertura en la pared de la que llegaba la claridad. Willy miró atrás un momento para darle un último vistazo a la caverna: todavía le costaba creer lo que les había pasado. El mar subterráneo se perdía en la oscuridad; de lejos llegaban ecos de ruidos irreconocibles. ¿Sería aquel dinosaurio gritando en medio de su océano particular?

Escalaron peldaños de piedra y paredes de las que salían ramas. Ni rastro de ámbar en esta orilla. Sus cabezas funcionaban a máxima velocidad en ese momento: ¿qué extraño lugar era ese? ¿Hacia dónde se estaban dirigiendo? Distraídos por sus pensamientos, Willy y Vegetta tropezaron en una pendiente que no habían visto; se deslizaron por ella varios metros, y a medida que caían, la luz se avivaba más y más. Era imposible subir de nuevo por el terraplén, por lo que a Trotuman y Vakypandy no les quedó más remedio que deslizarse por él. Reunidos de nuevo, siguieron avanzando en dirección a la luz. Sus pulmones se llenaron del aire fresco que empezaba a inundar la cueva.

Unos metros más allá, por fin, alcanzaron la salida. Se llevaron los brazos a la cara y atravesaron la amplia grieta que se abría en la pared.

CAPÍTULO 7

Oasis

La luz intensa del exterior cegó al grupo, habituado ya a la oscuridad de la caverna; a medida que sus ojos se acostumbraban a la claridad, pudieron ver frente a ellos un grupo de casas de piedra alrededor de un lago, y un camino que conducía hacia ellas. Detrás, una montaña se elevaba hasta más allá de lo que sus miradas podían alcanzar. Willy sacó el mapa e intentó averiguar dónde estaban; entre los dobleces y las arrugas, parecía claro que habían avanzado por el interior de la montaña, a través del sistema de túneles de la mina, mucho más profunda de lo que parecía en un principio. La vegetación crecía fuerte alrededor del lago. Desde donde estaban, podían ver árboles, flores, animales; un contraste fácil de agradecer después de lo que les acababa de pasar en la cueva, y antes en el desierto.

—¡Miren, casas! —dijo Willy—. Puede que tengan provisiones. Vamos a preguntarles. Y esta vez intenta tener la boca cerrada —le dijo a Vakypandy.

VEGETTA777 Y WILLYREX

—Vale, vale... —respondió.

—En serio —dijo Vegetta—, esta vez no quiero cárceles ni niñas con pistolas ni explosiones, o los que te cenaremos seremos nosotros.

—¡Está bien! —dijo Vakypandy—. Y tú, ¡menos diversión! —Trotuman se frotaba la barriga y se relamía.

Comparado con lo que acababan de pasar, el camino que llevaba hasta las casas era tan agradable que no se acordaban ni de que llevaban sin comer ni dormir varios días. Se sentían revigorizados por la vegetación y la vista de los animales y los bosques que los rodeaban: esto es otra cosa, pensaron, aquí sí se puede vivir. Ya cerca del lago, vieron a alguien sentado en una silla, cerca de la orilla, mirando al agua en silencio. Se acercaron con cuidado.

—¡Hola! —dijo Willy—. Eh... Venimos... Venimos en son de paz.

—Qué ocurrente —dijo Vakypandy entre dientes.

—¡Shh! —Willy intentó tapar a Vakypandy—. Venimos de la mina que hay al final de ese camino, señor. Buscamos un sitio en el que descansar antes de seguir nuestro viaje.

El hombre de la orilla se dio la vuelta y miró al grupo. Llevaba una camisa fina y un pantalón de pana, y cubría su cabeza con un sombrero de ala estrecha; es-

taba algo encorvado y por sus ojos no daba la sensación de que se sorprendiera de ver a esos extraños, ni de que le importara demasiado quiénes eran o qué hacían allí.

VEGETTA777
Y WILLYREX

—Ah... —dijo el hombre, como saliendo de un sueño—. Sí, sí, claro. Pueden quedarse. Tenemos provisiones de sobra. Yo soy Luigi, por cierto.

Se presentaron de camino a la casa de Luigi. Vivía solo en la casa más baja; estaba ordenada y limpia, y, como había dicho, tenía provisiones de sobra. Trotuman ayudó a Luigi a preparar algo de comer mientras hablaban despreocupadamente: del pueblo, del lago, de todo un poco. Vegetta y Willy descubrieron que no era un pueblo, sino una pequeña comunidad que se había formado alrededor de ese lago; varias familias que habían decidido vivir fuera de la sociedad, preocuparse solo de los suyos, apartarse de las complicaciones y llevar una vida pacífica. Y algo solitaria para algunos, parecía: por cómo hablaba Luigi, pensaron, daba la sensación de que no terminaba de encajar del todo.

Cuando terminaron de comer, Luigi propuso salir fuera y descansar junto al lago. Era una buena idea; les iría bien relajarse después de tanto movimiento. Salieron y se sentaron en la hierba; Trotuman y Vakypandy se echaron a dormir mientras Willy, Vegetta y Luigi charlaban. Otros habitantes de aquella curiosa comunidad pasaban de vez en cuando a su lado y les saludaban amistosamente. Se presentaban, les daban las buenas tardes y se iban a sus casas, confiados y amables: vivían

en un paraíso y no tenían nada que temer. Sin embargo, Luigi parecía algo decaído. Willy decidió preguntarle.

—Luigi, ¿estás bien? Pareces triste.

—Sí, sí —sonrió Luigi—. Estoy bien, gracias. Supongo.

—¿Supones? —dijo Vegetta.

—No tengo nada de lo que quejarme, ¿no? Aquí se vive bien. Todos somos amigos.

—No parece que sea así, al menos para ti —dijo Willy.

—Hago lo que puedo. Pero... —Luigi se frenó.

—¿Pero? —preguntó Willy.

—Supongo que no acabo de encajar —reconoció Luigi—. Ya has visto a esa gente: parejas, amigos... Todos parecen tener todo muy claro. Lo tenían muy claro cuando decidieron venir a vivir aquí. Pensaba que sería lo mismo para mí, que venir aquí me ayudaría, pero...

—¿Tú no lo tienes claro? —dijo Willy.

—No tanto, imagino. ¡Mírenme! ¿No creen que los demás también ven a un tipo flaco y solitario cuando me miran? Miren a Dida, por ejemplo, se encarga de traer madera y organizar las provisiones; Stefano es pescador y cuida del lago; Michelina sabe tratar a los animales y gestiona la granja; Marco exploró los alrededores del lago y fue el que hizo el camino por el que

llegaron... —Luigi fue describiendo los trabajos de la gente de la comunidad, alabando sus contribuciones—. ¿Y yo? Solo, mirándome la narizota en el lago.

—Seguro que algo haces bien —dijo Vegetta—. Si no, no estarías aquí.

—¿Verdad? Pero estoy seguro de que si les preguntan no consiguen decir nada sobre mí. A veces me da la sensación de que soy poco más que un fantasma. Ojalá pudiera saber cómo me ven, y les demostraría que lo que digo es cierto.

Vakypandy, medio despierta y medio dormida, levantó un poco la cabeza al escuchar esto. Miró a su alrededor; no había nadie. Sus ojos comenzaron a brillar, y de repente la mirada de Luigi se congeló. Irguió la espalda y se quedó petrificado. Vegetta miró a Vakypandy.

—¿Pero qué haces? —preguntó.

—No me digan que no estaban empezando a estar hartos de sus lloriqueos —dijo Vakypandy.

—¿Qué? ¡No sé qué has hecho, pero quiero que lo arregles ahora mismo!

—No te preocupes, no es nada. Quiero ayudarle —explicó Vakypandy—. Cuando se despierte, podrá ver cómo le ven los demás. Al mirarse en los espejos, se verá reflejado de la manera en que lo ven los que se miran en ellos a diario, sus dueños. Saber qué imagen

tienen de él los demás será tan fácil como ir a sus casas y mirarse en el espejo.

—Pero ¿y cómo se supone que vamos a explicarle eso? —dijo Willy.

—Eso ya no es cosa mía —Vakypandy se sacudió las responsabilidades sin demasiada dificultad—. Se va a despertar en unos segundos. ¡Será mejor que nos cache intentando hablar con una cabra o se pensará que están locos! —dijo, y volvió a apoyar la cabeza en el suelo. Trotuman se acomodó de nuevo a su lado, despierto solo a medias.

—¡Oye, un mom...!

Luigi salió de su ensoñación tan rápido como se había quedado de piedra; Willy y Vegetta le miraron nerviosos y sin saber muy bien cómo iban a explicarle lo que había hecho Vakypandy.

—Se los digo —continuó Luigi, como si no hubiera pasado nada—, sería tan fácil como ver con los ojos de los demás.

—Y... y si... —Willy dudaba, intentando que se le ocurriera una explicación coherente para el hechizo—. ¿Y si te decimos que ver lo que piensan de ti los demás es tan fácil como mirarte en un espejo?

—¿Cómo? —preguntó Luigi frunciendo el ceño y sin entender muy bien aquella irreverencia que le decía Willy.

—Lo que oyes —confirmó Willy, que de pronto se encontraba en un callejón sin salida.

—¡Es nuestro regalo por haber sido tan amable con nosotros! —dijo Vegetta poniéndose de pie y apoyando el pie en una roca, moviendo los brazos e imitando a los magos de las películas antiguas, haciendo como si tuviera una capa y estuviera dándose misterio ondeándola—. Venimos de un sitio muy lejano y te hemos concedido ese deseo. Mírate en los espejos de tus vecinos y verás lo que piensan de ti sin necesidad de preguntarles. El espejo no mentirá. Así saldrás de dudas.

—Tienes una forma muy rara de bromear, amigos —dijo Luigi incrédulo—, pero me gusta, son buena gente. Tengo que llevarle a Stefano una cosa que me pidió ayer; los dejo solos, pero mi casa es su casa, así que dispongan de ella para lo que necesiten.

—¡Los espejos, Luigi! —dijo Vegetta mientras su nuevo amigo se alejaba, continuando con su teatro.

—Eso, ¡los espejos! —Willy se unió a la imitación.

Luigi se rio y se despidió de ellos; el buen humor era un comienzo, pensó Willy.

CAPÍTULO 8

Juego de espejos

Todavía dándole vueltas en la cabeza a lo que Vegetta y Willy le habían dicho, Luigi fue a casa de Stefano a darle lo que le había pedido el día anterior. ¿Y si lo que decían era cierto?, pensó. Su ropa era extraña, sin duda, y parecían venir de lejos, desde luego. Pero no podía ser: ¿a quién se le ocurre que un espejo pueda tener ese poder mágico? Nunca había oído hablar de algo así.

Sin embargo, cuando entró a casa de Stefano y se miró (por curiosidad, pensó Luigi, por seguir la broma; no porque creyera en la posibilidad de que esa magia fuera real) en el espejo, lo que vio allí le dejó con los ojos como platos. Se disculpó y salió corriendo; fue puerta por puerta llamando a sus vecinos, pidiéndoles que le dejaran pasar un momento, que por favor le permitieran mirarse un momento en el espejo.

EN EL ESPEJO DE DIDA,
LUIGI SE VIO ALEGRE Y DANZARÍN, COMO LA
NOCHE EN QUE HABÍA BAILADO CON ELLA EN
LA FIESTA A LA ORILLA DEL LAGO

EN EL ESPEJO DE STEFANO,
LUIGI SE VIO GENEROSO Y FUERTE,
COMO EL DÍA EN QUE LE HABÍA AYUDADO A
CARGAR LA PESCA HASTA SU CASA

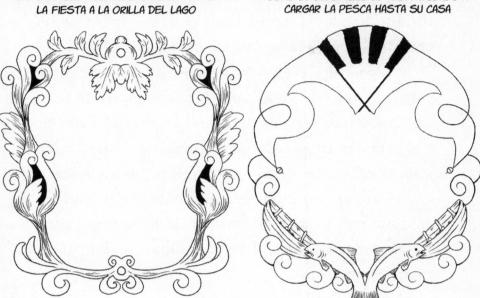

EN EL ESPEJO DE MICHELINA,
LUIGI SE VIO COMPRENSIVO Y GUAPO,
COMO EL DÍA EN QUE HABÍA SALIDO
CON ELLA A PASEAR AL GANADO

EN EL ESPEJO DE MARCO,
LUIGI SE VIO VALIENTE Y ÁGIL, COMO CUANDO
SE INTERNÓ EN EL BOSQUE CON ÉL PARA
EXPLORAR LAS CUEVAS DE LOS ALREDEDORES

113

No lo podía creer: cada espejo le daba un reflejo distinto, y todos le recordaban a cosas que había vivido con Dida, con Stefano, con Michelina, con Marco. Los recién conocidos Willy y Vegetta no le habían mentido: el hechizo era real. Casi mareado por la impresión de lo que acababa de ver en los espejos (parecía que sus vecinos le tenían en mucha mejor estima de lo que creía), salió de la casa de Marco y fue dando tumbos a buscar a sus nuevos amigos para agradecerles lo que habían hecho, aunque no consiguiera entender del todo qué era.

De camino hacia el lago, vio que pasaba por su casa; decidió entrar.

☆☆☆

Vegetta y Willy estaban tirados en la orilla del río, con sus mascotas todavía durmiendo una siesta que se estaba prolongando tanto que ya bordeaba los límites de la decencia; Willy consultaba el mapa mientras Vegetta, acostado boca arriba y con las manos detrás de la cabeza, silbaba despreocupado una melodía que le sonaba de algo, aunque no era exactamente igual. Lo mismo le daba.

—Si continuamos en esta dirección —dijo Willy—, en un par de días deberíamos estar en el bosque que marcaba el mapa de la bruja. Está cerca del lago so-

bre el que flota la isla del Rey Guerrero. Si tenemos un poco de suerte, quizá encontremos cerca alguna forma de llegar hasta él; seguro que no somos los primeros que queremos hacerlo, así que es posible que haya alguien que pueda ayudarnos de alguna forma...

—¡Qué más da! —cantó Vegetta sonriendo e incluyendo sus palabras en la melodía que estaba silbando.

—¿Cómo que qué más da? Si alguien nos puede ayudar, no perderemos tiempo buscando la forma de subir hasta...

—No, no, ¡qué más da subir! —interrumpió Vegetta—. ¡Qué más da el Rey Guerrero! ¡Qué más da la isla, los Sabios y qué sé yo!

—Según Vakypandy, es el único que nos puede ayudar a salvar Pueblo —dijo Willy—. Creo que nos ha dado motivos para creer en lo que dice.

—Pero, Willy —Vegetta se incorporó y miró a su amigo—, ¡quedémonos aquí! Nos aceptarán con mucho gusto; podemos hacer lo mismo que hacíamos en Pueblo, pero aquí. Hay un lago; la gente es encantadora; seguro que podemos encajar entre ellos, y mira a estos dos —señaló a sus mascotas, que descansaban de la manera más plácida posible—. Hacía mucho que no los veía tan pacíficos. ¡Parece que hasta se llevan bien!

Vakypandy abrió un ojo y, sin que Willy y Vegetta se dieran cuenta, empezó a escuchar la conversación.

—No podemos hacer eso, Vegetta —dijo Willy—. Piensa en todo lo que hemos dejado atrás. El tiempo que le hemos dedicado a Pueblo, a su gente; todo lo que hemos hecho allí y todo lo que nos quedaba por hacer.

—¿Qué nos quedaba por hacer? —preguntó Vegetta.

—¡Muchas cosas! —respondió Willy.

—¿Como cuáles? ¡Dime, venga! ¿Plantar un huerto? Y luego, ¿qué? ¿Cuántos huertos tenemos que plantar hasta darnos cuenta de que hemos perdido el tiempo haciendo algo que no nos interesa?

Willy se quedó callado. Los dos sabían qué echaban de menos, y que la manera de recuperarlo no era dedicar los días a preparar el huerto de su casa. Sabían qué les había unido, por qué seguían juntos, por qué todavía se levantaban con ilusión para seguir adelante, juntos, haciendo lo que hacían. No era plantar huertos: era volver a Pueblo con algo que contar, con historias y aventuras y experiencias que significaran algo para ellos y para aquellos que quisieran escucharlos.

—¿Cuántos, Willy? —insistió Vegetta—. ¿Cuántos huertos son suficientes? ¿Cuántos son demasiados?

—Puede que tengas razón, igual cambiar de aires

nos ayuda... —resignado, Willy parecía estar cada vez más convencido por lo que le decía su amigo.

—Un segundo, un segundo —dijo Vakypandy mientras se levantaba; Trotuman se despertó a la fuerza al caerse al suelo—. ¡Nada de eso! ¡Aquí nadie se queda en ningún sitio! ¡Tenemos que buscar al Rey Guerrero!

—¿Y eso quién lo dice? —preguntó Vegetta.

—Lo digo yo, tu mascota. Y me vas a hacer caso.

—Exacto, mi mascota —dijo Vegetta—, y por eso me vas a hacer caso tú, precisamente.

Vakypandy se puso a dos patas y se acercó a Vegetta; erguida era más alta que él, que seguía sentado en la hierba a la orilla del lago.

—Mira —comenzó a decir—. ¿Tú sabes por qué te sigo? ¿Sabes por qué llevo tanto tiempo contigo? Porque soy tu mascota, ¿no? Un animal. Tengo que obedecer.

—S... s... supongo —dijo Vegetta.

—Supones mal —respondió Vakypandy; sin dejar de mirar a Vegetta, sus ojos se iluminaron y del lago comenzaron a salir peces: decenas, cientos de peces que flotaban sobre el agua, moviéndose más a medida que se quedaban sin aire—. Mira a esos peces. Podría hacerlos flotar mientras resuelvo un sudoku —los peces

cayeron al agua, todos a la vez—, y todavía tendría una pata libre para hablar por teléfono. No te sigo porque te vea como a un ser superior. Te sigo porque nunca te he visto rendirte: si Willy se mete en una pelea de la que no puede salir, tú vas a protegerle, aunque ni entre los dos puedan ganarla; si me caigo por un precipicio, tú vas detrás aunque no sepas si la caída es demasiado alta. No te sigo porque te guste acostarte en la hierba y rendirte y dejar atrás todo lo que has conseguido en el pasado. Si fueras así realmente —dijo Vakypandy—, no estarías aquí: estarías en Pueblo, convertido en zombi, pudriéndote y babeándote encima.

Vegetta recordó entonces su regreso a Pueblo cuando salió aquella mañana a recolectar semillas, la mañana antes de la invasión: el fuego, la carrera hasta la casa, cómo agarró a Vakypandy y se la llevó a cuestas, por mucho que pesara; cómo se tropezó, cómo los zombis lo rodearon y cómo se despertó en medio del bosque, con el humo y las llamas tiñendo de negro y rojo el cielo sobre su cabeza, aturdido y con el recuerdo difuso de Vakypandy salvándole el pellejo.

—Si no lo haces por mí —terminó Vakypandy—, y si no lo haces por Willy, hazlo por ti mismo. Sabes que vas a acabar arrepintiéndote. No dejes que eso ocurra.

VEGETTA777 Y WILLYREX

De pronto, un grito se escuchó a lo lejos; parecía llegar desde la casa de Luigi.

☆ ☆ ☆

El grupo corrió hacia allí para ver qué pasaba. Dentro, Luigi estaba de pie frente a su espejo, con un gesto de horror en la cara y sin decir nada. Vegetta y Willy se acercaron a mirar en el espejo.

EN EL ESPEJO HABÍA ALGUIEN MONSTRUOSO, ALGUIEN QUE PARECÍA LUIGI PERO QUE NO ERA EXACTAMENTE LA MISMA PERSONA QUE WILLY Y VEGETTA CONOCÍAN.

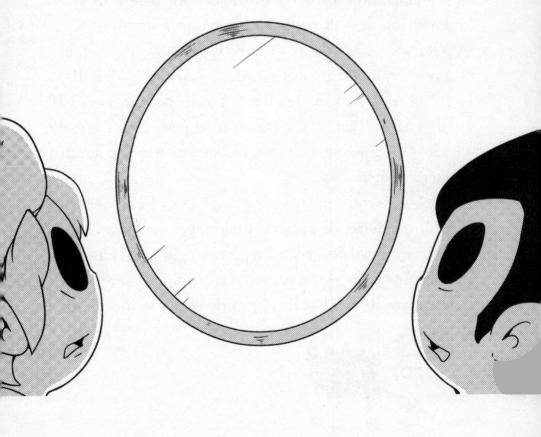

—¡Soy yo! —gritó Luigi al ver a Vegetta y Willy.

—Cálmate y explícanos qué pasa —dijo Willy sujetando a Luigi por los hombros.

—¡No, no el del espejo! ¡El problema soy yo! —dijo con las lágrimas corriendo a ríos por su cara—. ¡Los otros espejos...! ¡No eran como este!

—¡Luigi! —gritó Vegetta—. ¡Deja de decir tonterías!

—¡El espejo! ¡Me veo horrible! ¡El problema soy yo! —Luigi hizo un movimiento brusco y, de un puñetazo, rompió el espejo.

—Luigi —dijo Vegetta apartando a Willy y agarrando al hombre derrumbado del brazo—, romper el espejo no sirve de nada. Negar lo que has visto no te va a llevar a ningún lado, y centrarte solo en tu espejo tampoco. En los otros espejos no has visto esto, ¿verdad?

Luigi negó con la cabeza, sorbiendo con la nariz y algo más calmado; parecía un niño perdido y aterrorizado, un niño que no consiguiera encontrar a su familia en un centro comercial.

—Nosotros no tenemos ningún espejo, así que tendrás que fiarte de nuestra palabra, pero te aseguro que no vemos nada horrible. Nos has acogido, nos has dado tu hospitalidad y tu tiempo. La gente con la que has compartido tus días en el pasado siente lo mismo que

VEGETTA777 y WILLYREX

nosotros. Luigi —dijo Vegetta—, el problema no eres tú. No eres un problema.

Luigi miró a su alrededor. Willy y Vegetta le miraban sonriendo; Trotuman le guiñó un ojo y le señaló con el dedo; Vakypandy parecía no estar pensando en nada, ni mirando a ningún sitio.

—Luigi —siguió Vegetta—, no hay mucho que podamos hacer nosotros. Lo que te he dicho ha sido de corazón, pero no podemos quedarnos aquí. No debemos quedarnos aquí. Tenemos que seguir con nuestro camino. Ahora vamos a preparar algo de cenar. Mañana por la mañana, cuando el sol que entra por tu ventana te despierte, nosotros ya no estaremos aquí.

☆☆☆

A la mañana siguiente, lo que Vegetta y Willy le habían dicho se había cumplido: no estaban allí. Sobre la mesa, sin embargo, había algo que no estaba la noche anterior: un pequeño espejo de bolsillo, redondo y dorado, con una cadena para colgarlo. Al lado, una nota: «Al final sí que teníamos un espejo. Gracias por todo, Luigi. Nos volveremos a ver. Willy y Vegetta».

VEGETTA777
Y WILLYREX

CAPÍTULO 9

Casa de brujas

Hacía tantos días que no descansaban en condiciones que les daba la sensación de haber nacido de nuevo después de pasar la noche en aquella aldea del lago; sin querer desaprovechar ni la luz del amanecer, el grupo emprendió el camino de nuevo antes de que Luigi despertara.

—Si continuamos a este ritmo, en un par de días deberíamos llegar al sitio marcado en el mapa —dijo Willy—. Esta vez evitaremos alejarnos del camino, ¿entendido?

—¡Pero si eres tú el que se empeña en meterse en problemas siempre! —se quejó Vegetta.

—Es verdad —reconoció Willy—, y por eso necesitan ponerme un hasta aquí. Pero, de no ser por mis líos, ahora no tendríamos el mapa marcado, ¿no?

Siguieron charlando mientras caminaban hacia el bosque. Según su mapa, el bosque en el que estaba la

marca que encontraron en la caverna no tenía nada de especial; tenían la corazonada, sin embargo, de que esconderían algo, y estaban dispuestos a descubrirlo.

—¿Les cuento un chiste? —dijo Vegetta para entretenerse mientras caminaban.

—Está bien —respondió Willy—, pero que no sea malo.

—Pero no me interrumpas, ¿eh? O los dejo a medias.

—Prometido, prometido —dijo Willy.

—¿Vakypandy?

—No voy ni a intentarlo —respondió.

A medida que avanzaban, el camino principal se iba perdiendo hasta que, ya disuelto del todo por el desuso, desaparecía a la orilla de un río que continuaba en la dirección en la que ellos iban. Decidieron seguirlo: les serviría de guía y, según el mapa, los acercaría lo suficiente al bosque como para poder terminar el viaje sin dificultad. Al otro lado del río, a lo lejos, vieron unos molinos de viento; diminutos como hormigas por la distancia, varias personas trabajaban cerca de ellos, cuidando sus cultivos.

—Está bien, va así: esto es una señora que quiere jugar a la lotería, pero no se termina de decidir por ningún número. Nunca encuentra ninguno que le guste, y no quiere dejar algo tan importante al azar. Una

VEGETTA777
Y WILLYREX

mañana está leyendo el periódico mientras desayuna, y ve un anuncio que llama su atención: una empresa de lotería que asegura que puede adivinar el número que va a tocar, con la única condición de que el participante se lleve todos los boletos del mismo número. Es una inversión arriesgada, pero decide intentarlo; llama a las oficinas para pedir cita, y el billetero le dice que puede ir en ese mismo momento, y que lleve el periódico en el que ha visto el anuncio. La señora llega, se presenta, y el billetero le pide que se siente. Entonces empieza la sesión de adivinación. «Le voy a hacer unas preguntas —dice el billetero— y quiero que las responda con sinceridad. Si miente, el proceso fallará». «Entendido», dice ella. «¿Cuántos hijos tiene?», le pregunta. «Dos», responde ella. El billetero lo apunta en una libreta que tiene sobre la mesa. «Ese será su primer número, el 2. Ahora, dígame, ¿cuántas veces ha viajado en avión?». «Cinco», responde ella. El billetero lo apunta. «¿Cuántas veces va al gimnasio por semana?». La señora se lo piensa, pero al final responde: «Una», dice. El billetero toma la libreta y escribe el número 1. «¿Cuántos novios ha tenido?», pregunta el billetero. La señora se pone roja. «¿No es una pregunta un poco personal?», dice. «Sí, pero ¿quiere usted ganar la lotería o no?», responde el billetero. Entonces ella...

WIGETTA

—Un momento, ¿por qué le pidió el tipo que llevara el periódico? ¿Se explica luego? —preguntó Vakypandy impaciente.

—¡Te dije que no me interrumpieras! —dijo Vegetta furioso.

—Perdón, perdón, me callo.

—Ahora, se quedan sin chiste —dijo Vegetta mientras se cruzaba de brazos.

—¡No, Vegetta! ¿Cómo termina? —replicó Willy.

—Que no, ya no hay chiste.

No había manera; Willy se rio por la situación, y pronto Vegetta y Vakypandy hicieron lo mismo. Entre risas, se les olvidó lo del final del chiste. Siguieron caminando durante unas horas; no estaban demasiado lejos del bosque cuando empezó a anochecer. Decidieron hacer una parada y comer algo de lo que Luigi les había dado.

☆☆☆

A la mañana siguiente casi no se podían creer lo descansados que estaban: dos noches seguidas durmiendo eran un cambio agradable después de los últimos días, en los que el sueño se había sustituido por aventuras de todo tipo. Continuaron por la orilla del río hasta que tuvieron que cambiar de rumbo, cuando

empezaron a distinguir el bosque al que se dirigían. No tardaron demasiado en llegar.

Aunque era de día, la poca luz que pasaba por las frondosas copas de los árboles hacía que aquel bosque fuera un lugar oscuro. A pesar de ello, la vegetación crecía fuerte a su alrededor: enormes plantas de un verde intenso, moradas, marrones; troncos retorcidos y que a veces daban la sensación de ser caras que los vigilaban mientras se introducían más y más en el bosque.

—¿Estás seguro de que estamos yendo en la dirección adecuada? —preguntó Vegetta.

—Sigamos este camino —dijo Willy—, y si vemos que no llegamos a ningún sitio, desandamos y volvemos a la ruta segura.

Cuanto más se adentraban en el bosque, más cerrada era la oscuridad y más daba la sensación de que había presencias a su alrededor, acechando entre los árboles, siguiendo los pasos de Vegetta y Willy. Sin embargo, a pesar de la oscuridad, el camino era claro: alguien había pasado antes por allí, y era suficientemente ancho como para transportar carros. Tenía que haber algo cerca, pensó Willy.

Las presencias eran más evidentes que nunca cuando Trotuman tropezó con una cuerda y cayó al suelo; de entre las hojas salió disparada una cuerda, y

la mascota de Willy acabó colgada de un árbol. Varias personas encapuchadas salieron entonces a su paso y, sin darles tiempo a reaccionar, los cubrieron con sacos. Eran demasiados como para defenderse. Willy intentó empuñar su espada, pero antes de que lo consiguiera los encapuchados le ataron con una cuerda, inmovilizándolos. Entre todos, cargaron al grupo en brazos y se los llevaron. No dijeron ni una palabra mientras lo hacían; lo único que se escuchaba eran los gritos de Willy y Vegetta, que intentaban sin éxito zafarse de sus captores.

Después de unos minutos caminando, los encapuchados soltaron a Vegetta y Willy y los dejaron de rodillas en el suelo. Reforzaron las cuerdas con las que estaban atados y les quitaron los sacos. Frente a ellos, un altar ante el cual los esperaba alguien vestido con una túnica que le cubría por completo; a su alrededor, varias decenas de personas como las que los acababan de secuestrar los miraban fijamente. Sus caras solo eran visibles a medias, tapados con las capuchas de sus túnicas. Detrás del altar había una especie de caja de varios metros de altura cubierta con una tela negra.

—Por fin llegaron —escucharon.

La persona que había en el altar se quitó la capucha: era la bruja a la que habían perseguido en la caver-

VEGETTA777
Y WILLYREX

na. El resto de encapuchados se descubrieron a la vez que su líder: eran todas brujas, con el pelo enmarañado y la cara sucia. Todas parecían llevar ropa similar bajo las túnicas: camisas viejas, petos raídos, tirantes. Su forma de vestir era de hombre, pero su aspecto era definitivamente femenino.

—¿Pero qué...? —dijo Vegetta.

—¿Qué quieres de nosotros? —preguntó Willy.

—Más o menos lo mismo que ustedes de nosotras, creo —dijo la bruja—. Por eso se los hemos puesto tan fácil.

—¿Qué quieres decir? —dijo Willy sorprendido.

—¡Pero si hasta les dejé un mapa con indicaciones para llegar aquí! ¿O creían que soy tan estúpida como para haberlo dejado por error, a pesar de tener tantas horas para recoger todo? Los he visto más rápidos, ¿eh? —se burló la bruja.

Un rugido grave atronó en todo el bosque; venía de detrás del altar. La bruja quitó de un tirón la tela con la que estaba tapando lo que tenía detrás. Era una jaula: una suficientemente grande y robusta como para contener a un gigante de dos cabezas, que gritaba dentro, lleno de ira e impotencia.

—Queremos que nos ayuden a solucionar esto —dijo la bruja.

—¿LOL? ¡Pero si nos saca cien cabezas! —dijo Vegetta.

—Eso es lo de menos. Si no estoy equivocada, y sé que no estoy equivocada —dijo la bruja—, están en camino a ver al Rey Guerrero, ¿verdad?

—Sí —respondió Willy.

—Lo pude ver en un sueño —dijo la bruja—. Supongo que ustedes también han tenido sueños premonitorios. Al grano: solo el Rey Guerrero puede ayudarnos a resolver esto. Miren a su alrededor ¿Qué ven?

Vegetta y Willy examinaron el bosque que los rodeaba: descuidado y frondoso, no conseguían encontrar nada en particular que les llamara la atención. Temeroso, Vegetta dijo:

—¿Nada?

—Efectivamente, nada —siguió la bruja—. Esto antes era nuestro hogar. Un bosque tan cerrado era el sitio perfecto para que pudiéramos vivir nuestra vida sin que nadie nos molestara. Sin embargo... —hizo una pausa y miró hacia abajo pensativa—. El ataque a su ciudad es culpa mía.

—¡¿Qué?! —gritaron a la vez Willy y Vegetta.

—Déjenme que les explique. La caverna en la que me encontraron es un sitio especial. La vida es diferente allí: hay materiales que no se pueden encontrar en la superficie, animales que se creían extinguidos, todo tipo de vegetación única. Es muy difícil acceder a ella, pero gracias a nuestras escobas voladoras hemos podido explorarla y conseguir ingredientes para nuestras pociones. Un día, sin embargo, algo salió mal: quería extraer esencia de gigante de dos cabezas, de este gigante de dos

cabezas que ven, pero acabé despertando a más criaturas de lo que esperaba. Verán —explicó la bruja—, los monstruos que se ven de vez en cuando salen de esa caverna. El ámbar se deshace poco a poco y ellos van saliendo; el ritmo es lento, normalmente, por lo que es fácil tenerlos bajo control. Algunos incluso se alimentan de zombis, como ya saben. No voy a juzgar su estilo de vida. Cuando intenté manipular el ámbar del gigante, sin embargo...

—Despertaste a todos de golpe —dijo Willy.

—A casi todos. Todavía hay algunos en la caverna, pero la mayoría consiguieron escapar. Cuanto mayor era el grupo, más fuertes y rápidos parecían. Ya saben hacia dónde fueron muchos de ellos...

—¿Te refieres a Pueblo? —preguntó Vegetta.

—Sí —dijo la bruja—. Fue culpa mía. Sin embargo, nosotras también sufrimos las consecuencias. El gigante de dos cabezas que ven aquí también despertó cuando intenté extraer su esencia del ámbar; de alguna forma consiguió seguir mi rastro hasta aquí, y aunque conseguimos contenerlo, no pudimos evitar que destruyera nuestro pueblo. Muchas de las nuestras no consiguieron salir con vida. Ahora no tenemos pueblo ni la posibilidad de deshacernos de este gigante, ¿y quién sabe cuánto tiempo podremos retenerlo en

esta jaula? Por eso les queremos proponer un trato: los ayudaremos a llegar hasta el Rey Guerrero si consiguen que también devuelva nuestra aldea a la normalidad.

—¿Y por qué no van ustedes mismas si tienen los medios para hacerlo? —preguntó Willy enfadado.

—No somos bien recibidas —dijo la bruja—. Vivimos fuera de las normas que el Rey Guerrero y el resto de Sabios establecieron hace mucho. Intentamos sacarle el máximo partido a lo que la naturaleza nos ofrece en lugar de conformarnos con lo que está más a la vista. El Rey Guerrero nunca nos haría caso. Ustedes... ustedes son especiales. A ustedes sí les hará caso, lo sé con certeza. Les daremos escobas voladoras con las que llegarán a su morada mucho más rápido que a pie; estamos dispuestas a deshacernos de nuestras provisiones y a darles las últimas pociones que nos quedan. Solo si prometen ayudarnos.

—¿Es una amenaza? —preguntó Vegetta.

—No, no es una amenaza: es una petición de ayuda —dijo ella—. Sé que en su hogar se les considera héroes. Sus vecinos y amigos los admiran. Pueden demostrarlo ayudándonos.

Vegetta y Willy se miraron y discutieron en voz baja si podían confiar en aquella bruja. ¿Cómo podían saber si

lo que decía era cierto? Desde luego, tener escobas como la que habían visto en la caverna les ayudaría mucho.

—Aceptamos —dijo Willy.

—¡Suéltenlos! —ordenó la bruja.

Una vez liberados, la líder se acercó a Willy y Vegetta y les dio dos escobas.

—Usarlas es muy fácil —dijo, y comenzó a explicarles cómo volar con ellas.

Mientras la bruja enseñaba a Vegetta y Willy a desplazarse con las escobas, un sonido la distrajo. Buscó su origen y se sobresaltó al ver de dónde provenía.

—¡No! —gritó—. ¡Para!

Trotuman había conseguido zafarse de las brujas y, sin hacer mucho ruido, había empezado a quemar con un encendedor los barrotes de la jaula. Estaba muy enfadado: el gigante, al percatarse del calor que empezaba a llegarle, comenzó a gritar. El fuego se extendió rápido: fue suficiente para que el gigante consiguiera hacer un hueco a manotazos entre los barrotes, debilitados por las llamas. Entre gritos se escapó de la jaula y empezó a tirar árboles a manotazos.

—Tenemos que salir de aquí como sea —dijo Vegetta.

—¿Crees que sabremos usar esto? —preguntó Willy subiendo en su escoba.

—Hay que intentarlo.

VEGETTA777
Y WILLYREX

Willy y Vegetta subieron a las escobas y empezaron a volar. Oscilando a un lado y otro, Willy se acercó al gigante para rescatar a Trotuman, que había pasado de la ira al miedo al ver lo que había provocado. Un golpe del gigante desestabilizó la escoba de Willy, que se giró y le puso boca abajo; sujeto como podía al palo, consiguió pasar por entre las piernas del monstruo y tomar a Trotuman.

Mientras tanto, Vegetta buscaba a Vakypandy. Su mascota seguía atada de pies y manos y colgada de la rama de un árbol. No conseguía enderezar la escoba, que iba mucho más rápido de lo que esperaba; se chocó contra un tronco y salió despedido hacia arriba, atravesando las hojas de las copas y saliendo fuera del bosque. Se reclinó y se agachó: volvió a atravesar las copas y esquivó por nada un envite del gigante, que estaba cerca del árbol donde Vakypandy estaba colgada. Vegetta tomó una curva abierta alrededor del gigante y consiguió ponerse frente a la rama en la que estaba suspendida su mascota; aceleró y consiguió colgar a Vakypandy de la escoba, metiendo el mango por el hueco en el que estaba la rama. Frenó en seco y buscó a Willy.

—¡Aquí! —le gritó su amigo señalando en la dirección contraria a la del camino por el que habían llegado allí—. ¡Sígueme!

Aceleraron y siguieron por ese camino. Pequeñas ramas y hojas los golpeaban mientras huían del bosque; detrás, el gigante seguía sembrando el caos. Las brujas huían despavoridas: algunas lanzaban hechizos que apenas hacían nada al monstruo; otras intentaban esconderse detrás de árboles que salían despedidos poco después, volando por los brutales golpes del gigante, cada vez más furioso: gritaba por las dos cabezas, duplicando el ruido y dejando casi inmóviles a las brujas.

A toda velocidad, Vegetta y Willy consiguieron salir del bosque y volver al campo. La luz del sol los tranquilizó considerablemente: parecía que el peligro había pasado, pero quién sabe qué podría llegar a hacer aquel gigante.

—Está bien, lo de meternos en el bosque ha acabado mal, de nuevo —dijo Willy—. La próxima vez haremos lo que tú digas.

—Pero, pero..., —gritó Vegetta a Trotuman, nervioso—. ¿Qué ha sido eso?

Trotuman se encogió de hombros.

—Creo que me metí en un gran problema.

El grupo siguió volando en la misma dirección: a lo lejos, sobre las nubes, se empezaba a intuir la isla en la que vivía el Rey Guerrero.

CAPÍTULO 10

Nivel 24.791

«¡Quién hubiera tenido la escoba voladora desde el principio!», pensaban Willy y Vegetta mientras se acercaban a la isla flotante del Rey Guerrero, que iba revelando sus verdaderas dimensiones a medida que llegaban, cruzando las nubes que hasta entonces les tapaban la vista. El bosque de las brujas era ya casi un puntito en el suelo; el lago sobre el que estaba suspendida la isla, sin embargo, parecía casi un océano comparado con, pensaron, el del pueblo en el que habían conocido a Luigi.

Sobrevolando la isla pudieron ver una gran muralla que se erigía alrededor del barco en el que vivía el Rey Guerrero, varado en lo que parecía una playa; el muro actuaba de dique para contenerla, y un ingenioso sistema de puertas y pesos filtraba el exceso cuando la lluvia hacía que el agua subiera hasta cierto nivel.

—Bonita choza —dijo Vakypandy—. Creo que será mejor que entremos por la puerta. Un poco de cortesía no irá mal antes de pedirle un favor.

Vegetta y Willy estuvieron de acuerdo. Rodearon la isla hasta encontrar un ancho camino de tierra de un par de kilómetros que conducía a un portón de hierro, de varios metros de alto y decorado con oro y gemas. Frente a ella, dos mujeres vestidas de negro guardaban la entrada; se movían con unos patines en línea, repitiendo una vez tras otra el mismo recorrido: en el suelo, la marca de las ruedas formaba lo que parecía un ocho tumbado, el signo de infinito.

Cuando el grupo se acercó, frenaron y se pusieron frente a la puerta, una al lado de la otra, con los brazos cruzados. Willy y Vegetta bajaron de las escobas y se acercaron; las mujeres les sacaban varias cabezas: aunque tenían aspecto humano, eran tan altas como el gigante de dos cabezas que se había escapado en el pueblo de las brujas.

—¡Alto! —dijo una de ellas. Miró a un lado y carraspeó—. O sea... ¡Hola!

—¡Hola! —dijo la otra.

Willy y Vegetta se miraron, sin entender muy bien qué pasaba.

—Perdón, no viene mucha gente por aquí; me paso el día pensando en que somos las guardianas de esta puerta, y se me ha escapado eso. No he sido muy educada. ¿Qué buscan?

141
WIGETTA

—Venimos a ver al Rey Guerrero —dijo Vegetta—, necesitamos pedirle algo.

—¿Tienen cita? —preguntó la de la derecha.

—Este..., no —dijo Willy.

—¿Y cómo se les ocurre presentarse aquí sin cita?

—Oye —dijo la de la izquierda—, no creo que
pase nada si los dejamos pasar. Tampoco es que el Rey
esté demasiado ocupado...

—¡Pero no tienen cita! —respondió la de la derecha—. Las normas son claras: no dejar pasar a nadie sin
cita previa.

—Ya, mujer, pero tampoco es que reciba muchas
visitas...

Vakypandy se puso al frente.

—Tenemos una petición urgente —dijo—. Com-
prendemos que el Rey Guerrero no puede recibir a
cualquiera, pero no habríamos venido hasta aquí si no
fuera una cuestión de máxima importancia. Mi nombre
es este.

Vakypandy empezó a dibujar en la tierra con una
de sus pezuñas.

—¿Qué está escribiendo? —preguntó Willy.

—Creo que es su nombre en aquel alfabeto extraño —respondió Vegetta—. Ya sabes, el que nos enseñó
en el capítulo 3.

VEGETTA777
Y WILLYREX

—Es cierto.

Las guardianas se sorprendieron al ver que Vakypandy sabía escribir en ese idioma que solo los Sabios
Creadores conocían y que los magos aprendían solo a
medias para lanzar sus conjuros, aunque nunca llegaban a escribirlo con esa fluidez.

—¿Cómo sabes escribir eso, animal? —preguntó
la de la derecha.

—¡Oye, de animal nada! —respondió Vakypandy
molesta—. Estoy segura de que el Rey Guerrero querría recibirnos si le explican que estamos aquí y...

—Un momento —dijo la de la izquierda—. Dis-
culpa los modales de mi compañera. Haremos lo posible para que el Rey los reciba, pero necesitamos alguna
prueba más. ¿Podrías demostrarnos que no has aprendido a escribir eso solo para conseguir entrar aquí?

—Sin problema —dijo Vakypandy. Tapó lo que
había escrito en el suelo y comenzó a escribir·encima:

$$\text{\large ۱ ∫ ┘ ˵ ˵ ˖ ┖┘ ┠ː}$$

—Este es el nombre de mi amo —dijo señalando a Vegetta. Volvió a tapar los extraños caracteres con la pezuña, y después de alisar de nuevo la tierra, empezó a escribir de nuevo:

—Y este es el nombre de su amigo —dijo—. Como ven, no me estoy inventando nada.

Las guardianas miraron las extrañas letras que había en el suelo; después de examinarlas con atención, se miraron y empezaron a cuchichear algo. Cuando llegaron a un acuerdo, la de la derecha dijo:

—Está bien, no es un farol. Pueden entrar.

El grupo, aliviado, se acercó a la puerta. Vegetta y Willy iban delante; Vakypandy y Trotuman los seguían de cerca.

La desproporcionada altura de la puerta impresionaba mucho más cuando uno estaba a sus pies; apenas podían doblar el cuello lo suficiente como para verla entera.

—¿Y qué se supone que tenemos que hacer ahora? —preguntó Willy.

—¡No quieren que encima les abramos la puerta! —respondió una de las guardianas—. ¡Que somos las guardianas, no las sirvientas! Miren el cartel, caray.

Al pie de la puerta había, efectivamente, un cartel en el que no se había fijado, rodeado de grabados y pintadas de todo tipo.

¿QUÉ PINTADAS HABÍA ALREDEDOR DEL CARTEL?

—Entendido, jefa —dijo Vegetta sarcástico.

Se acercó a la puerta y la empujó con las dos manos, pero no pudo moverla ni un milímetro. Lo intentó haciendo toda la fuerza que pudo con el hombro, pero ninguna de las dos titánicas placas de acero que la formaban hizo siquiera el amago de empezar a moverse. Exhausto, se sentó en el suelo para recuperar el aliento.

—¡Pesa un montón! —le dijo a Willy.

—Déjame intentarlo a mí —respondió.

Willy se arremangó la chamarra y se dispuso a abrir la puerta. Empujó hasta que su cara su puso roja del esfuerzo; para cuando acabó sentado al lado de Vegetta, los dos agotados por el esfuerzo, no había conseguido moverla ni un poco. Era imposible abrirla, era demasiado pesada para ellos.

—¡Es imposible! —dijo Willy desesperado—. ¿No nos pueden ayudar?

Las guardianas los miraron sorprendidas.

—Un momento, ¿no pueden abrir la puerta? ¿En serio? —dijo una de ellas.

—No podemos dejar entrar a nadie que no pueda abrir la puerta —dijo la otra—. Ni siquiera nosotras podemos.

—¿Cómo? —se sorprendió Vegetta—. ¿Y cómo se supone que vamos a poder abrirla nosotros? ¡Pesa demasiado!

VEGETTA777
Y WILLYREX

—Solo pueden abrirla si su nivel es 24.791 —dijo la guardiana de la derecha—. De otro modo, el Rey Guerrero no puede recibirlos.

—¡Nadie tiene ese nivel! —dijo Vegetta—. Vakypandy, ¿de qué hablan?

—Ya lo oyeron —respondió—. No tienen suficiente nivel para abrir la puerta.

—¿No me digas? —replicó Willy—. Tú puedes hacer magia y cosas raras, ¿qué nivel tienes?

—24.710, llegué a él cuando te ayudé a pasar por encima de aquel río.

—Perfecto —dijo Willy—. Tu mascota es muchísimo más poderosa que nosotros, y ni con esas podemos abrir la dichosa puerta.

—¡Tiene que haber alguna forma de que podamos entrar! —le dijo Vegetta a las guardianas—. Lánzenos por encima del muro, llamen al Rey y que nos abra, ¿o es que él tampoco tiene el nivel suficiente?

—¡Ni se te ocurra decir algo así! —dijo una de las guardianas, y dio un pisotón en el suelo, ofendida, tan fuerte que provocó un temblor.

—¡Está bien, está bien!

La cara de la guardiana de la izquierda, que estaba disfrutando mucho con los intentos infructuosos de Willy y Vegetta por abrir la puerta, cambió de pronto;

parecía estar viendo algo que llamaba su atención. Sorprendida, dio un paso al frente; Vegetta y Willy, aún en el suelo, miraron hacia ella.

—Tú —dijo la guardiana señalando al sitio donde estaban Vakypandy y Trotuman.

—¿Yo? —dijo Vakypandy sorprendida.

—¡No, tú no! ¡Tú! —la guardiana señaló a Trotuman—. Tú puedes abrir la puerta, ¿verdad?

Trotuman se encogió de hombros, dando un paso hacia atrás y colocándose detrás de Vakypandy.

—No te hagas el tonto —insistió la guardiana—. ¿Cómo se llama tu amigo? —preguntó a Vakypandy.

La mascota de Vegetta escribió en el suelo:

עתּ נּ דּ דֵ ר

—Ya veo —dijo la guardiana—. Acércate. Abre la puerta.

Trotuman se acercó poco a poco a la puerta. Parecía tímido.

—¡Adelante! —la guardiana le metió prisa—. Sé perfectamente que puedes, no tienes por qué seguir fingiendo.

Cuando estuvo frente a ella, Trotuman suspiró, agachó la cabeza y puso las manos en la puerta. Em-

pujó. Sin ningún esfuerzo, la mascota de Willy abrió la puerta de par en par, como si fuera de papel.

—¡¿LOL?! —gritaron Willy y Vegetta anonadados.

—Me quedo anonadado —dijo Vegetta—, loco a...

—A la vez que impactado, ya —Trotuman terminó su frase.

Ni Willy ni Vegetta supieron qué decir: se quedaron de piedra, impactados al escuchar hablar a Trotuman por primera vez.

—¿Desde cuándo puedes hablar? —preguntó Willy.

—Desde siempre, desde antes de que nos conociéramos —respondió Trotuman—. Siempre he podido hablar, pero nunca he tenido ganas de hacerlo.

—¿Pero cómo que no has tenido ganas? —Willy seguía sin procesar lo que acababa de pasar.

—Sabía que podías, pequeño —dijo la guardiana de la derecha—. Dime, ¿qué nivel eres?

—24.792 —respondió Trotuman.

—¡Pero eso... eso es imposible! —la guardiana parecía sobrecogida por aquella revelación—. ¡El nivel máximo es 24.791!

—Eso creía yo también —dijo Trotuman—, pero un día llegué al nivel 24.792, y aquí estoy. Desde entonces no me ha interesado subir más. No es necesario. Mi vida ya era suficientemente buena.

—Pero, Trotuman... ¿Por qué no me habías contado nunca esto? —preguntó Willy.

—¡No me hizo falta! No tuve que hacer nada para que me aceptaras —dijo Trotuman—, nunca me pediste nada fuera de lo normal, desde el principio. Fue una sensación genial: hay que hacer muchas cosas para llegar a mi nivel, ¿sabes?, y conocer a alguien que me quisiera sin necesidad de que yo demostrara nada me hizo sentir bien. Sé que cuando nos conocimos no te importaba que mi nivel fuera 1 o 100 o 1.000 o 24.792: me aceptaste sin pedir nada a cambio. Encontré un amigo. Lo echaba de menos.

—Por supuesto que no te pedí nada —dijo Willy emocionado—, porque me caíste bien antes de decir ni una palabra. ¡Bueno, la primera palabra me la has dicho hoy!

—Pero espera, ¿has estado todo este tiempo sin que nadie supiera que sabías hablar? ¿Cómo has aguantado tanto sin decir nada? —preguntó Vegetta.

—Bueno... —dijo Trotuman. Una mirada furtiva a Vakypandy le delató.

—¡Vakypandy! —exclamó Willy.

—¡Eh, los secretos son para guardarlos! —dijo la mascota—. ¡Soy una cabra de palabra!

—Siento interrumpir la escena —dijo una de las

VEGETTA777
Y WILLYREX

guardianas—, pero las puertas están abiertas. Eso signi-
fica que pueden entrar.

Vegetta y Willy se levantaron del suelo, donde habían estado todo el rato, impresionados por la avalancha
de noticias que acababan de recibir. Willy se acercó a
Trotuman y le dio un abrazo.

—Gracias por todo —le dijo.

Trotuman no dijo nada. No necesitaba decir nada.

—Y ustedes, ¿no quieren entrar? La puerta está
abierta —preguntó Vegetta a las guardianas.

—¡Ah, no, no hace falta! —respondió una de
ellas—. Podemos entrar siempre que queramos, este
botón la abre.

La guardiana pulsó un botón que había al lado de
la puerta, tan alto que Willy y Vegetta ni habían llegado a fijarse en él. La puerta se cerró y se abrió de nuevo
automáticamente.

—¡Pero...! —Vegetta cerró los puños, pero Willy
le calmó y le dijo que no pasaba nada, que había que
seguir adelante.

El grupo caminó hacia la fortaleza del Rey Guerrero. Las guardianas pulsaron el botón y la puerta comenzó a cerrarse; mientras lo hacía, se podía ver cómo
ellas volvían a patinar, haciendo una y otra vez el mismo recorrido: ese que dejaba en la tierra dibujado el
símbolo de infinito.

GRACIAS POR TODO

ADELANTE.
NOSOTRAS
PODEMOS
ENTRAR
PULSANDO
ESTE BOTÓN

¡PERO...!

CAPÍTULO 11

El barco en las nubes

De todos los sitios que habían visitado hasta ahora, la fortaleza del Rey Guerrero era el más fascinante. Era difícil perderse: el camino que nacía en el portón que acababan de dejar atrás Vegetta y Willy avanzaba sin sobresaltos más pronunciados que el suave zigzagueo que mecía la vista del que se aventuraba a intuir lo que le esperaba en su paseo; un serpenteo que parecía más subordinado al museo que se expandía a su alrededor. Allá donde mirara el visitante, decenas y decenas de objetos de las procedencias más dispares se repartían por doquier, desde muestras de la madera o la piedra que Willy y Vegetta tantas veces habían utilizado para construir objetos (los mismos materiales con los que, con dedicación y pasión, habían construido Pueblo, tan lejano ya, daba la sensación) hasta estaciones espaciales completas, en perfecto estado, como si nunca hubieran sido

usadas: piedras preciosas gigantes, estatuas y cuadros, ruinas prodigiosas de construcciones antiquísimas, flores de tantos tipos que no parecía repetirse ninguna, libros de magia organizados en estanterías talladas en los gruesos troncos de árboles de aspecto centenario. «Mágico: este sitio es mágico», pensaron ellos.

Trotuman interrumpió el momento idílico.

—Dos, cinco, uno, dos, tres.

—¿Cómo dices? —preguntó Willy.

—Es el número de la lotería —dijo Vegetta.

Willy miró a su amigo y a Trotuman, que también se miraban sonriendo; no entendía nada.

—¿Alguien me explica qué pasa? —dijo por fin.

—Dos, cinco, uno, dos, tres —dijo Trotuman—; esos son los números de la lotería del chiste que nos quería contar Vegetta cuando nos íbamos de la aldea donde vivía Luigi.

—La gracia está en que las respuestas de la señora eran dos, cinco, uno, dos, cero —explicó Vegetta—, porque mentía cuando el billetero le preguntaba cuántas veces se había hecho pis encima siendo adulta.

Trotuman y Vegetta se echaron a reír a carcajadas al ver que los dos se sabían el chiste; también por la imagen de un adulto haciéndose pis encima, claro.

—¡Si lo explicas, no tiene gracia! —dijo Willy.

VEGETTA777
Y WILLYREX

Vakypandy acabó de encender la llama de la risa para todos: su primera carcajada, esta vez por cómo Willy refunfuñaba por lo mal que habían contado el chiste, hizo que por fin todos se echaran a reír. Estaban de un buen humor especial: sabían que estaban alcanzando el final del viaje, habían conseguido llegar a todos los sitios donde se habían propuesto y sentían que el camino juntos les había hecho aprender mucho de sus compañeros; conocían los puntos débiles de cada uno, pero también les había quedado claro que podían llegar a todo lo que se propusieran si aprovechaban sus puntos fuertes, que siempre destacaban sobre lo negativo.

Finalmente, el grupo llegó al barco varado a la orilla de la playa con la que se fusionaba el camino que habían seguido desde el portón. Ni tierra ni hierba ni piedra; alrededor del hogar del Rey Guerrero solo había arena, una de las arenas más suaves que recordaban haber tenido entre sus dedos jamás, pensaron Vegetta y Willy. Casi parecía de seda, por su suavidad, pero también por su brillo especial cuando el sol la doraba. El barco de vela, que parecía haber sido anteriormente un navío portentoso, estaba partido por la mitad y no se movía de su nueva posición; no daba para nada la sensación de ser una ruina o un refugio improvisado, sino que recordaba a esas imágenes de ciudades abandonadas en las que la naturaleza

está recuperando terreno, y en las que crecen hierbas y césped entre las farolas, los ladrillos y las construcciones creadas por el hombre: en este caso, era el Sabio Creador el que había triunfado sobre la obra destruida, ese barco que había reconvertido hábilmente en un lugar en el que vivir. La apertura que debió dejar la rotura en el barco (por la mitad, como una ramita: fuera lo que fuera lo que había causado aquel destrozo, tenía que haber sido de un poder terrible) había sido tapada por una pared de madera; se habían colocado ventanas y una puerta; incluso había macetas con flores frescas en los balcones y enredaderas a lo largo del casco, señal indiscutible de la buena mano con que se cuidaba esa fortaleza.

No parecía haber nadie cerca. ¿Estaría el Rey Guerrero cerca?

—¿Hola? —preguntó, levantando la voz para hacerse notar, Vegetta.

—Si no estuviera aquí, las guardianas nos lo habrían dicho —razonó Willy—. Lo más probable es que no nos escuche. Vamos a llamar a la puerta.

Mientras se acercaban al barco, la puerta (cuya altura era más del doble de la de una normal) se empezó a abrir, como si acabaran de avisar de la llegada de los visitantes al Rey Guerrero, que comenzó a asomar por ella. La descripción que les había dado Vakypandy era bastante fiel a la

VEGETTA777
Y WILLYREX

realidad: el Sabio Creador medía unos cuatro metros, vestía una gabardina negra gruesa y de aspecto pesado; a pesar de su barba y su sombrero (con una muesca en el ala, como sabían; era una muesca discreta aun para el poco ancho del ala, que uno esperaría más de un detective de película en blanco y negro que de un Sabio Creador omnipotente), el rostro era claro, afable. Al ver a Willy y Vegetta, la sonrisa que se iluminó en su cara eliminó de un plumazo cualquier intuición de peligro que pudieran haber tenido. Ayudó, también, que el Rey Guerrero tuviera unos grandes guantes de cocina a cuadros, rojos y azules, con los que sujetaba una bandeja con galletas recién hechas.

—¡Por fin llegan! —dijo el Rey Guerrero al verlos—. Pasen, pasen; estaba haciendo galletas, llegan justo a tiempo.

Sorprendentemente amable, el Sabio Creador parecía saber que Vegetta y Willy iban a llegar, tanto que incluso les había preparado la comida. ¿Sabría ya el motivo de la visita? ¿Estaría al tanto de lo que le iban a pedir? Vegetta no pudo resistirse a preguntar.

—¿Cómo sabías que íbamos a venir? ¿Nos has estado espiando? —preguntó.

—¡Espiar! —el Rey Guerrero soltó una carcajada grave; la vibración que provocaba el sonido en el suelo casi hacía cosquillas en los pies—. No, no... Me

imaginaba que llegaran. Ustedes u otra gente en una situación similar. No son los únicos que parecen haber tenido incidentes últimamente.

—Esas brujas tienen la culpa —dijo Willy.

—No, —respondió el Rey Guerrero—. Las brujas viven alejadas de la sociedad porque la sociedad no sabe hacerles un hueco. Actúan al margen de la sociedad porque no consiguen sentirse cómodas dentro. Quizá se olvidaron de eso porque llevan mucho tiempo al margen, pero se apartaron por culpa de la incomprensión. ¿Qué fue antes, la gallina o el huevo? Si los habitantes del Mundo Inferior hubieran sabido aceptarlas entre ellos, ¿habrían tenido que vivir como viven, y habrían tenido el accidente que han tenido?

—¿El Mundo Inferior? —preguntó Vegetta.

Habían llegado a lo que parecía el salón de la casa del Rey Guerrero. Sobre una mesa de centro, el Sabio dejó la bandeja; esperando, había varias tazas y una jarra con leche. Incluso eso lo tenía pensado: la mesa tenía dos alturas, una para las personas de tamaño normal y otra para los gigantes como él. Había también sillas en las que Vegetta y Willy podían sentarse sin problema.

—Ah, sí. Así llamo a su mundo —dijo el Rey Guerrero mientras les acercaba unas tazas, que parecían minúsculas con relación a sus manos, pero eran del tama-

ño ideal para Willy y Vegetta—. Desde aquí, a veces me da la sensación de que estoy viendo la tele: lo que ocurre allí abajo, en su mundo, parece un programa en el que no tengo voz ni voto.

—Entonces, si ya sabías lo que estaba pasando, ¿por qué no has hecho nada? —preguntó Willy confuso—. Si sabías que nuestra ciudad iba a ser atacada, ¿por qué no paraste a las criaturas?

—¡Vivo aquí arriba por algo! —dijo el Rey Guerrero—. Cuando me alejé del Mundo Inferior, la idea era que supieran gestionar todo lo que les había dejado. Y sin embargo, piensen en todo lo que han visto: en lugar de aprovechar las posibilidades de trabajar juntos, viven los unos apartados de los otros, evitando el contacto con los demás, en el mejor de los casos. ¡Amenazando a los forasteros a punta de pistola, en el peor!

Vegetta y Willy agacharon la cabeza. Era cierto: en su aventura, los pueblos que habían encontrado, tanto hostiles como amistosos, tenían en común el estar alejados de los demás; querer vivir solos, apartados de los que no los entendían, en lugar de juntos, colaborando por un bien común.

—No se pongan así, chicos —dijo el Rey Guerrero—, ustedes no tienen la culpa. No habéis conocido otra cosa. A veces me pongo melancólico...

—¡Tienes que ayudarnos, por favor! —dijo Vegetta—. Animaremos a todo el mundo a trabajar juntos en el futuro...

—No hace falta que prometan nada —dijo el Rey Guerrero—. Les ayudaré, pero primero necesito saber cuál es su problema concreto.

Willy y Vegetta le explicaron lo que había pasado en Pueblo: la invasión, cómo habían intentado detenerla, pero les había sido imposible, lo que les había pasado a todos los que vivían allí, la ayuda de Vakypandy, el largo camino, las aventuras, el peligro. Todos los riesgos que habían corrido hasta estar donde estaban, frente a él, el Rey Guerrero, con la esperanza de que lo que se decía sobre él fuera cierto y pudiera ayudarles a evitar la catástrofe si era posible.

El Rey Guerrero atendió con interés a lo que Vegetta y Willy contaron con todo lujo de detalles. Cuando terminaron de hablar, los dos echaron mano de las tazas que les había ofrecido el Sabio: tenían la boca seca, algo que la leche templada no alivió demasiado, pero tendrían que conformarse.

—Ya veo —dijo el Rey Guerrero, tras pensar en silencio durante unos segundos—. Lo que quieren es que les devuelva a un momento anterior a la invasión para que se puedan preparar para el ataque y hacerle frente. ¿Es eso cierto?

163

WIGETTA

—O también podrías devolvernos a mucho antes de eso —propuso Vegetta—, y así podríamos intentar solucionar el problema de raíz: ayudar a las brujas a formar parte de la sociedad para evitar que abrieran el ámbar por error, animar a la gente a ser más amable y a confiar más en sus iguales...

—Es una propuesta hermosa, pero no funcionaría —dijo el Rey Guerrero—. Para hacer eso, tendríamos que volver hasta mucho antes de que ustedes hubieran nacido, incluso. No voy a hacerlos viajar a ustedes, como seres físicos, hacia el pasado; mi poder me permite mover todo el tiempo, no a seres concretos. Cuando les devuelva a Pueblo antes del ataque de las criaturas, no serán los Willy y Vegetta de ahora transportados mágicamente al pasado; serán los mismos de ese momento, como si no hubiera pasado nada; como si no hubieran vivido el duelo, o el descenso a las minas o el viaje hasta aquí.

—Entonces, ¿cómo vamos a saber que nos atacarán? ¿No repetiremos lo mismo una y otra vez? —preguntó Willy.

—Ahí está la clave —explicó el Rey Guerrero—. Recibirán señales: algunas cosas no responderán como esperan, o verán cosas en... sueños, o en visiones cuando cierren los ojos, por ejemplo. ¿Les suena algo de lo que les digo?

—Un momento —dijo Vegetta—. ¡El sueño! ¡Es cierto! El día antes de la invasión, tuve un sueño muy raro. Vi a Vicente... —el Rey Guerrero miró sin saber a quién se refería—. Vicente, mi caballo blanco, al que tengo mucho cariño. Vi a Vicente en el sueño. A muchos Vicentes, mejor dicho. Algunos actuaban de forma muy extraña: unos andaban al revés, otros parecían atascados entre sí... ¿Puede haber sido una premonición?

—La bruja también nos habló de un sueño —añadió Willy.

—Sí, a ese tipo de sueños me refiero —dijo el Rey Guerrero—. No es la primera vez que están aquí, parece. Todo esto ya ha ocurrido antes. Ya han venido a verme y ya les he contado todo esto; ya he devuelto el tiempo hacia atrás, y los sueños les intentan avisar de ello. Para que se hagan una idea, son recuerdos de cosas que todavía no han pasado. El tiempo se está repitiendo, y quizá se haya repetido varias veces; por eso los errores en los sueños, por eso los *glitches* en ese caballo: quizá sea la clave para salvar Pueblo.

Vegetta abrió los ojos sorprendido.

—¿Estamos repitiendo todo? ¿Vicente es la clave? —No acababa de procesar toda esa información.

—Confío en que así sea. Las leyes del tiempo son las mismas para mí, así que no tengo manera de asegu-

rarlo —dijo el Rey Guerrero. Un movimiento súbito de su cabeza parecía querer decir que acababa de tener una idea—. ¡Un momento! Síganme, por favor.

El grupo siguió al Rey Guerrero fuera del barco, de vuelta al camino alrededor del cual se disponían tantos objetos raros y maravillosos. El Sabio comenzó a inspeccionarlos mirando entre ellos como si buscara uno en concreto.

—Debería haber una cosa por aquí... —murmuraba mientras rebuscaba con la mirada entre joyas, pergaminos y tecnología que Vegetta y Willy no habían visto hasta el momento—. ¡Ajá! Aquí está.

El Rey Guerrero cogió un aparato con forma de cápsula, de unos dos metros de altura y con una puerta que dejaba ver el interior acolchado, como si estuviera pensado para albergar a alguien dentro.

—Esta cápsula podría ayudarnos. La conseguí de un comerciante de Marte... Verán, podríamos decir que soy un coleccionista ávido —dijo—. En mi humilde isla hay de todo, como ven. Al contrario que los otros Sabios Creadores, yo le tengo cariño a lo que creamos; aquí guardo al menos una pieza de cada, desde simples maderas hasta complejísimos hechizos en libros inmemoriales. Pero no nos distraigamos: la cápsula.

Willy y Vegetta se acercaron a ella para mirarla más de cerca: el interior estaba diseñado para que alguien adoptara una posición entre sentado y tumbado, lo suficientemente cómoda para pasar un buen tiempo allí dentro; alrededor del asiento, una serie de botones cuya función era imposible adivinar.

—Cuidado, es delicado. —El Rey Guerrero bloqueó el paso con un brazo—. Esto que ven aquí es un artilugio de lo más curioso. Básicamente, sirve para saltarse las leyes del tiempo: algunas civilizaciones alienígenas mucho más avanzadas lo usaban para viajar por agujeros de gusano sin sufrir ninguna consecuencia. Se transportaban a millones de años luz sin que su cuerpo notara que habían pasado más de unos minutos. Imaginen un viaje en tren de varios cientos de miles de kilómetros, por ejemplo —explicó—, uno que durara varios meses. Si lo haces dentro de este artilugio, tu cuerpo envejece solo unas horas. Es una manera conveniente de viajar sin perder el tiempo, diríamos nosotros; en realidad, es una forma de perder todo el tiempo posible, hasta que lo poco que nos quede sea lo único que afecte al cuerpo.

—Increíble —dijo Vegetta fascinado por la explicación.

—El problema —continuó el Rey Guerrero— es que sus efectos son difíciles de prever. Es fácil usarlo de

manera irresponsable. La prueba es que ninguna de las civilizaciones que lo tuvieron existe ya: todas han desaparecido por jugar más de la cuenta con el tiempo.

Vegetta y Willy tragaron saliva algo asustados. De pronto, aquella máquina del tiempo parecía más macabra y peligrosa; dieron un paso hacia atrás.

—Si la usamos con cuidado, y solo una vez, no tendría por qué ser peligroso —tranquilizó el Rey Guerrero—, pero mejor tomar precauciones. Veamos, ¿quién de ustedes tiene el nivel más alto? ¿Tú? —dijo señalando a Vegetta—. ¿Tú, quizá? —y señaló a Willy.

Tímido, Trotuman dio un paso al frente y levantó la mano.

—¡No me digas! —el Rey Guerrero soltó una carcajada—. ¿Y qué nivel eres?

—24.792.

—¡Impresionante! Eres el primero que conozco con ese nivel. Eso es lo bonito de crear algo: cuando tus propias normas son estiradas y modificadas y pasan a ser tan tuyas como de los demás. —Se le notaba realmente emocionado por la noticia—. Pero dejémonos de ensoñaciones y filosofeos: ven, acércate.

Trotuman se acercó al Rey Guerrero, que abrió la puerta de la cápsula y le animó a pasar. Trotuman entró y se acomodó en el interior acolchado. El Rey Guerrero

se metió la mano en el bolsillo; después de hurgar un poco dentro, sacó un cristal alargado, con forma cilíndrica y terminado en punta por ambos extremos: era de un color púrpura muy vivo y brillante.

—Este objeto es la clave —dijo entregándoselo a Trotuman—. Con este objeto podrán salvar su ciudad y a sus habitantes.

—Pero ¿cómo? —preguntó Willy.

—Lo que su amigo tiene en sus manos es un cristal mágico que canaliza la energía negativa, la elimina y la encierra en su interior —explicó el Rey Guerrero—. Cuando vuelvan a Pueblo, no se acordarán de esto que les estoy contando. Excepto tú —dijo señalando a Trotuman—: tú sabrás perfectamente qué hay que hacer, pero, por lo que veo, tendrás que pedir ayuda para salvar la ciudad. Los zombis te superarán en número y no podrás hacer nada contra ellos. Tienes que explicarles a Willy y Vegetta lo que les estoy contando ahora, conseguir que confíen en ti y ejecuten el plan.

—No habrá problema —dijo Trotuman—. ¿Cuál es el plan?

El Rey Guerrero explicó que tenían que golpear en la cabeza al zombi más malvado de los que invadieron Pueblo; haciendo esto, la maldad se canalizaría en el cristal, y, con suerte, todos los zombis y criaturas se

transformarían en lo que eran antes: humanos o animales, pero de espíritu bondadoso. Sería fácil reconocer al origen del mal por la Piedra de la Locura de su cráneo, sobresaliente y negrísima, a la vista para cualquiera. Para llegar hasta él, claro, tendrían que pasar por entre los demás zombis, que seguramente querrían proteger a su superior.

—¿Entendido, más o menos? —preguntó el Rey Guerrero.

—A la perfección —dijo Vegetta.

—Sí —confirmó Willy.

—El mayor problema va a ser convencerlos de que lo que nos cuenta Trotuman es cierto. Ahí ya no puedo hacer nada —se lamentó el Sabio—, excepto desearos la mejor de las suertes. ¿Están listos?

Willy y Vegetta afirmaron con la cabeza. Trotuman, desde el interior de la cápsula, miró a Vakypandy; su mirada era de apoyo pleno y ánimos. Era el momento ideal para emprender esta aventura definitiva, cuando más confiaban los unos en los otros, cuando más preparados se veían para afrontar cualquier riesgo. Estaban listos, sin duda.

—¡Allá vamos! —dijo el Rey Guerrero, y sacó de un bolsillo de su chamarra un aparato con varias fechas marcadas en la pantalla y un botón en el centro. Des-

VEGETTA777
Y WILLYREX

pués de toquetear unos segundos y cambiar una de las fechas, miró a Vegetta y Willy—. ¿Ya?

—¿No tenemos que prepararnos, o hacer alg...?

Antes de que Vegetta pudiera terminar la frase, el Rey Guerrero pulsó el botón. Una luz blanca cubrió todo.

CAPÍTULO 12

La batalla final

Willy despertó a Vegetta, que había dormido un poco más de la cuenta mientras su amigo preparaba las cosas para salir a recolectar semillas para el huerto. Era una mañana radiante en Pueblo. Fuera, los niños más madrugadores ya jugaban y reían; los guardias estaban en posición, los comerciantes ocupaban sus puestos en la plaza. Todo funcionaba. Vegetta tomó su arco. Ya estaban listos para salir. Quedaron en volver a encontrarse en la entrada de Pueblo cuando empezara a anochecer, para juntar lo que cada uno hubiera conseguido y pensar qué podían hacer con ello el día siguiente. Mientras salían de su casa, y aunque ya los habían separado antes, Vakypandy y Trotuman estaban peleándose otra vez; en cuanto cerraron la puerta, sus mascotas dejaron de hacer ruido.

—Ahora es el momento —dijo Trotuman—. Tenemos que explicarles lo que te acabo de contar.

—Pero, pero, pero... —dijo Vakypandy—. ¿No es una locura? ¿Seguro que no se te ha ido la cabeza?

—Tienes que confiar en mí. No te pido nada nunca —suplicó Trotuman.

—De acuerdo...

Las mascotas salieron de la casa; Vegetta y Willy se estaban despidiendo a la entrada de Pueblo.

—¡Esperen! —gritó Trotuman.

Willy y Vegetta se dieron la vuelta, con los ojos abiertos muy sorprendidos. ¿Desde cuándo podía Trotuman hablar? ¿Qué estaba pasando?

—Les tengo que contar una cosa —Willy estaba abriendo la boca cuando Trotuman le hizo una señal para que se mantuviera callado—. Denme unos minutos. No tenemos mucho tiempo. Les pido que confíen en mí solo esta vez.

Todavía impactados, los amigos asintieron con la cabeza. Trotuman les contó todo lo que había pasado todo lo ordenadamente que las prisas del momento le permitieron: la invasión que se avecinaba, la visita al Rey Guerrero, la cueva subterránea en el fondo de la mina, quién era el Rey Guerrero e incluso una descripción detallada de Luigi, el joven tristón del pueblo a la orilla del lago. Mientras procesaban toda la información que Trotuman les lanzaba, Vegetta y Willy dejaban

caer preguntas, pequeñas dudas que el hombre tortuga intentaba solventar de la mejor manera que podía. El tiempo pasaba: la invasión estaba a punto de comenzar, y Trotuman debía ir al grano.

—En resumen —concluyó—, dentro de no mucho va a comenzar una invasión zombi en Pueblo. Este cristal —dijo enseñando el cristal que el Rey Guerrero le había entregado— es la solución; yo no podré, porque me superarán en fuerza, pero ustedes tienen que conseguir atacar al jefe de los zombis con él, dándole en la cabeza para canalizar su maldad y encerrarla en el cristal. Así salvaremos cientos, miles de vidas. Tienen que creerme, por favor.

—Un segundo, un segundo... ¿Y por qué tú sabes todo esto y nosotros no? ¿No fuimos todos a ver a ese Dios Guerrero? —preguntó Vegetta.

—Rey —corrigió Trotuman—. Rey Guerrero. Y solo lo sé yo porque era el único que podía usar, por mi nivel, la cápsula que me ha permitido recordar todo esto. —De pronto, Trotuman tuvo una idea—. ¡Pero hay más señales! Vegetta, hoy has tenido un sueño muy raro, ¿verdad?

—Eh... sí, es cierto. ¿Cómo lo sabes?

—El Rey Guerrero nos avisó de ello —explicó Trotuman—. ¿Salía Vicente en el sueño?

—¡Sí! —Vegetta comenzaba a creer a Trotuman: era imposible, a no ser que lo que contaba fuera cierto, que conociera ese detalle sobre el sueño que había tenido esa misma noche—. Y unos cristales como el que tienes tú, de hecho.

—¿Confían en mí ahora? Tienes que hacerlo, por favor —dijo Trotuman.

Mientras hablaban, un grito se escuchó a lo lejos. Trotuman no mentía, pensaron los amigos: uno de sus vecinos de Pueblo estaba siendo atacado por un zombi, y al fondo se veía cómo un grupo enorme se acercaba peligrosamente, lentos pero determinados.

—¡¿Me creen ahora?! —gritó Trotuman—. ¡Rápido, tenemos que hacer algo!

Vegetta y Willy entraron corriendo a Pueblo. Revitalizados ante la emoción después del tiempo que habían pasado en reposo, dedicados al cultivo y la vida contemplativa, sin tener que decirse nada trazaron una estrategia para hacer frente a los zombis. Vegetta subió a lo alto de un edificio, desde donde tenía buena visibilidad y podía aprovechar al máximo su arco para cubrir a Willy, que atacaba desde el suelo con su espada, apoyado por las flechas de su compañero. Juntos fueron deshaciéndose de cuantos zombis podían; sin embargo, su objetivo parecía ser un zombi con una piedra en la cabeza al que no conseguían encontrar.

—¡Vegetta! —gritó Willy—. ¿Ves algo desde arriba? ¿Localizas al jefe?

—¡De momento no! —respondió mientras examinaba los alrededores.

Willy se abrió paso entre los zombis, intentando proteger a tantos vecinos de Pueblo como le era posible; algunos estaban cayendo a pesar de la ayuda: parecía inevitable, y era frustrante. Tenían que encontrar cuanto antes al jefe del que hablaba Trotuman, que seguía a Willy protegiendo celosamente el cristal en el que parecía estar la clave para evitar todo aquello.

Varios fuegos comenzaban a nacer aquí y allá; caminar por las calles de Pueblo era cada vez más difícil, atosigados por el humo y el calor, que se hacía más y más insoportable. Vegetta se dio cuenta de los problemas de Willy para avanzar, y se puso en marcha para ayudar a su amigo. Usando un poste para darse impulso, saltó hacia las escaleras del faro y comenzó a subir, para ver desde lo alto todo Pueblo y localizar cuanto antes al jefe de los muertos vivientes. El humo dificultaba la visión, aun estando en una posición tan privilegiada. Pero entonces lo vio a lo lejos: uno de los zombis tenía una piedra, de un negro tan profundo que parecía irreal, sobresaliendo de su cabeza, entre la oreja y la frente. Estaba claro: ese era el zombi al que buscaban.

—¡Willy! —Vegetta llamó la atención de su amigo—. ¡Lo he encontrado! ¡Lo veo!

—¡Toma esto! —dijo Trotuman, y le lanzó el cristal nervioso.

Casi se resbala al soltar una mano para alcanzar el cristal, sujeto a duras penas a la escalera del faro.

—¡¿Y qué hago con esto ahora?!

Trotuman no había pensado en ese detalle.

Vegetta buscó a su alrededor sitios en los que saltar desde la escalera, pero la distancia era insalvable y el poco espacio que tenía para impulsarse le impedía llegar a ningún sitio mejor. Estaba en un punto muerto: bajar le llevaría de cabeza a los zombis, y subir más le alejaría demasiado de su objetivo. Cuando ya sopesaba la posibilidad de intentar golpear al jefe de los zombis lanzándole el cristal a la cabeza y confiando en su puntería, el sonido de un aleteo llamó su atención.

En la lejanía, surcando el cielo con grandes alas blancas, estaba Vicente. Los cambios desde la última vez que se vieron saltaban a la vista: un reluciente cuerno surgía de su frente y dos alas portentosas crecían a los lados de su cuerpo. Era un unicornio alado, majestuoso, espectacular; el sueño sí parecía ser premonitorio, después de todo, pensó Vegetta.

—¡Vicente! —gritó.

WIGETTA

El unicornio se acercó a la escalera hasta que Vegetta pudo saltar encima. Casi sin inmutarse, Vicente le hizo un hueco entre sus alas; estaba claro que su poder era grande.

—¡Willy! —Vegetta llamaba la atención de su amigo— ¡Willy! ¡Vicente está aquí! ¡Y es un unicornio!

—¡Genial! ¡Intenta acercarte al jefe mientras yo distraigo a la horda! —dijo Willy.

Willy comenzó a lanzar espadazos hábiles a los zombis, zarandeándoles sin herirles demasiado para que se enfadaran y le siguieran. El plan estaba funcionando; confusos y molestos, los muertos vivientes empezaban a dejar de seguir a los habitantes de Pueblo y se centraban en Willy, que se iba quedando sin espacio a medida que la horda iba ganando terreno sobre él. Vegetta vio que su amigo empezaba a estar en peligro; dirigiendo a Vicente, sujeto a su melena, giró ciento ochenta grados para intentar bajar lo suficiente como para golpear al zombi jefe con el cristal. A toda velocidad, Vicente y Vegetta cortaron el viento y cayeron a toda velocidad contra el grupo de zombis que protegía a su jefe; algunos cayeron al suelo, pero otros consiguieron sujetar al unicornio, inmovilizando sus patas y sus alas e impidiéndole zafarse. La incursión había sido un

VEGETTA777
y WILLYREX

fracaso solo a medias; frente a ellos, a una distancia salvable, estaba el jefe, mirando con cara de enfado a sus atacantes y desprotegido por el curioso alunizaje de Vicente y Vegetta a través de su horda de guardaespaldas.

Un zombi agarró a Vegetta de la pierna cuando se disponía a ejecutar el golpe final con el cristal mágico; el grito de su amigo sorprendió a Willy, que sacó todas las fuerzas que pudo y se abrió paso entre la horda hasta llegar al lado de Vegetta. De un espadazo separó al zombi que le impedía moverse, que cayó sobre una criatura que antes, parecía, era un perro: ahora era solo un monstruo.

—¡Ahora! —gritó Willy.

Vegetta asintió, se puso de pie sobre Vicente (que forcejeaba con sus captores, apartando a cabezazos a los que intentaban subírsele encima) y se lanzó sobre el jefe de los zombis, golpeándole en la cabeza. El cristal mágico impactó con la piedra negra, y Vegetta sintió una cantidad increíble de energía pasar a través de su cuerpo; atraídos por una especie de magnetismo muy potente, la piedra y el cristal no parecían querer separarse. La piedra negra comenzó a resquebrajarse, y de ella salió un rayo de luz que atravesó el humo de los incendios y las nubes y se alzó hasta más allá de lo que la mirada podía alcanzar. Paralizados repentinamente,

de las cabezas de los zombis salieron también rayos, que se disparaban hacia arriba, todos en la misma dirección. Los rayos parecían provenir de todos lados: de los zombis que estaban atacando Pueblo, pero también de puntos lejanos, más allá de las montañas y los bosques y los mares.

Tras varios segundos, una explosión de luz lo inundó todo. No se escuchaba nada: el silencio, quizá por la bomba luminosa, era total, como si se hubieran quedado sordos además de ciegos. Todo era blanco. La nada, el vacío. El final.

El sonido del viento, voces, las hojas de los árboles acariciándose y aplaudiendo; los colores iban volviendo a la vez que los sonidos, y poco a poco Willy y Vegetta fueron recuperándose del impacto. A su alrededor, los vecinos de Pueblo iban sobreponiéndose también: los jóvenes ayudaban a los mayores a levantarse, las madres llevaban a sus hijos a zonas seguras. Había más gente que nunca: los zombis, como había dicho el Rey Guerrero, habían dejado de ser monstruos y habían recuperado su forma anterior. La piedra negra parecía la culpable de su agresividad, y su influencia

VEGETTA777
Y WILLYREX

ya no les afectaba: el cristal, sin embargo, había cambiado de color, y era ya casi negro. En su interior, una nube oscurísima y de una densidad que nunca habían visto antes.

—Parece que esto era a lo que se refería el Rey Guerrero —dijo Trotuman—. El mal de la piedra está ahora encerrado en este cristal.

—¿No es peligroso? —preguntó Willy—. ¿Puede que ocurra lo mismo si cae en las manos equivocadas?

—Puede, sí —dijo Trotuman—. Pero no lo sé. Por si acaso...

—¿Y si vamos a ver a ese Rey Guerrero y le preguntamos? —sugirió Vegetta—. Solo tú te acuerdas del viaje, al fin y al cabo. Para nosotros será todo nuevo.

Todos rieron. A pesar de la dureza con que había sido atacado, Pueblo mantenía la dignidad: el faro, intacto, era un símbolo de esperanza para el futuro. Si no había caído el faro, podían reconstruir Pueblo; podían ampliarlo para dar hogar a todos los que, víctimas del mal de la Piedra de la Locura, habían sido dominados y convertidos en monstruos, y ahora, libres por fin, se encontraban en un sitio que no conocían, confusos y con recuerdos difusos de lo que había ocurrido.

—Venga, vamos a ayudar a la gente. Tenemos mucho que hacer —dijo Willy.

Vegetta sonrió y acompañó a su amigo. Trotuman y Vakypandy los siguieron.

—¿Y qué habrá sido del poblado de las brujas? —preguntó Vakypandy.

—¡¿Tú también te acuerdas?! —Trotuman pegó un brinco.

Vakypandy le guiñó el ojo. Muy lejos de allí, en el oscuro bosque frondoso, el gigante de dos cabezas ayudaba a las brujas a construir nuevas casas; apartando con sus grandes manos las copas de los árboles, abría vías de acceso para que la luz iluminara su pueblo.

¡¡VICENTE!! ¡AHORA ES UN UNICORNIO!

¡GENIAL! ¡YO DISTRAERÉ A LA HORDA, TÚ ACÉRCATE AL JEFE!

¡VAMOS!

PISOTÓN

.4.

CAPÍTULO 13

Epílogo

Pocos días después de comenzar la reconstrucción, Pueblo era un lugar más próspero y bonito que nunca. La batalla había sido dura y las consecuencias terribles, pero gracias a la ayuda de todos los habitantes de Pueblo, tanto los veteranos como los recién llegados, las casas volvían a ser acogedoras y los niños volvían a poder jugar seguros en las calles, llenas de color y alegría.

—Esto es otra cosa —dijo Willy.

—Ver Pueblo al borde de la ruina fue horrible —reconoció Vegetta—. Tenemos suerte de tener con nosotros a tanta gente fantástica.

Los dos amigos miraban, desde lo alto del faro, a sus vecinos, a sus seguidores y amigos: sin ellos, nada de eso habría sido posible. Una señora charlaba con un comerciante al que le acababa de comprar unos ingredientes; dos guardias jugaban con una pelota, entreteniéndose en sus puestos. Como varios días antes del ata-

que, dos niños jugaban disfrazados de Vegetta y Willy, sus héroes, ahora con más motivos que nunca.

—¡Mira, son los niños del otro día! —dijo Willy.

Ambos rieron divertidos por la alegría infantil con que los niños representaban sus papeles.

—Se me ha ocurrido una cosa —dijo Vegetta—. ¡Vamos a juntar a todo Pueblo y a hacernos una *selfie!*

—¡Toca *selfie!* —Willy recibió con ánimo la idea.

Los dos amigos fueron casa por casa avisando a todo el mundo. La plaza central se llenó de gente en un instante; todos querían estar en la foto, claro, y en poco tiempo todos los vecinos habían llegado. Los amigos se colocaron al frente, y, sosteniendo la cámara el máximo equilibrio de que eran capaces, hicieron la foto.